プロ野球
元審判は知っている

佐々木昌信

ワニブックス
PLUS新書

はじめに

私は実家の寺院を継ぐために、プロ野球審判員を２０２０年を最後に引退しました。球審のマスクをはずし、袈裟（けさ）をまとうようになりました。

そんな折、「マスク越しに見たプロ野球選手のすごさを語れないか」との話をいただきました。

「名選手の名選手たるゆえん」を、一番間近で見られるのが審判員（球審、塁審）です。勝敗を客観視する審判にしかわからない「野球技術」「舞台裏」「人間模様」があります。

審判ですから、とにかく見極めたことを6つの分野に分けてみました。

【第1章】投手を見る

【第2章】守備を見る
【第3章】打者・走者を見る
【第4章】監督を見る
【第5章】乱闘、退場の原因を見る
【第6章】舞台裏を見る

僭越（せんえつ）ながらプロ野球審判生活29年、通算出場２４１４試合の中から計70のエピソードを語らせていただきます。詳しくは本編に譲るとしましょう。

【選手凡例】

●生年月日、出身都道府県、身長・体重、投打の左右の別

●出身校〈甲子園出場の有無〉→在籍球団（ドラフト＝「会議があった年」ではなく、「実際にプレーを始めた年」）

★通算成績（投手）

・現役年数、登板試合、勝利、敗戦、ホールド、セーブ、防御率

・タイトル＝最多勝、最優秀防御率、最高勝率、最多奪三振、（最多完封）

★通算成績（打者）

・現役年数、出場試合、安打、打率、本塁打、打点

・タイトル＝首位打者、本塁打王、打点王、最多安打、盗塁王

★記者投票＝MVP、ベストナイン、ゴールデングラブ賞（72年制定）、球宴出場回数

★主な記録＝日本記録、セ・リーグ記録、パ・リーグ記録、メジャーリーグ記録など

（編集部注／数字・記録は2021年現在のものです）

目次

第2章　守備を見る……75

第3章 打者・走者を見る

第4章 監督を見る

第1章　投手を見る

❶館山昌平の「絶対〝球〟感」

ヤクルトの館山昌平投手は、**常日頃からボール交換の要求が一番多いピッチャー**だったんです。

バットにボールが当たってゴロやフライやファウルを打つとボールは微妙にへこみます。ピッチャーの変化球にも影響が生じますので、本来そこで初めてボール交換になるわけです。

しかし、「常に新しいボールで投げたい」ピッチャーが多くて、ストライクと判定したのに「換えてくれ」というピッチャーも結構いるんです。

ただし、あくまでも球審の判断なので、使えると思ったボールはピッチャーに戻します。腰に着けてある「ボール袋」の中に手を入れて交換したふりをして、先ほどと同じボールを戻しても、気がつかないピッチャーがほとんどです。

「これ、さっきのボールと換わってないですよ。換えてもらえますか」

そう。館山投手は気づくんです。繊細で正直少しやりにくいピッチャーだなと感じていました。

２０１１年に名古屋でオールスターゲームがあったとき、プロ野球選手会と審判組合との会合が開催されました。プロ野球界発展のために、現場レベルでざっくばらんに意見を交換しようという趣旨のものです。

たとえば、ピッチャーの長い間合いやバッターのタイムの取り過ぎを自重して、試合時間短縮につなげよう。行き過ぎた野次を慎んでマナー向上に努めよう。審判は選手に対してルール説明を明瞭に行おう等々。

その会議後の懇親会です。館山投手と日本ハムの新人・斎藤佑樹投手、館山投手の出身の日大藤沢高の先輩である審判と私。４人がたまたま、立食パーティーのテーブルを囲みました。

「館山君よ、何でお前さん、いつもいつもボール換えるの？」

「ボールって中に芯があるでしょ。あれ、何個かに1個、中心がずれているんです。芯がずれていると気持ち曲がってくれて、ほんのちょっとバットの芯を外れるんですよ。次にスライダーを投げたいときは、ボールを交換してもらっています」

「それ、手でボールを振ってわかるの？　斎藤君わかる？」

「いえ……、初めて聞きました」

「僕はこれでメシ食ってるんです。オフの暇なとき、何万回も振っていればわかるようになるもんですよ」

プロ野球は1試合、両チームの投手で合計240球から270球を投げます。硬式ボールはいつも大体10ダース（120個）用意します。

「おーい、きょうの先発、館山だから、もう5ダース追加して用意しておけ！」

以後、館山投手に「ボールを換えてください」と要求されたら、笑顔で応じるようになりました。

あのとき斎藤佑樹投手は目が点になっていて、「僕にはズレがわからないんで、修行します」と。その２０１１年シーズンの６勝が最高でした。翌年から勝利数が伸びていたら面白かったんですが、肩ヒジの故障もあって現役引退となったのは残念でした。

【館山昌平】
●１９８１年３月17日生まれ、神奈川県出身。１８１センチ、98キロ。右投げ右打ち
●日大藤沢高〈甲子園〉↓日大↓ヤクルト（03年ドラフト３巡～19年）
★通算17年＝２７９試合、85勝68敗10セーブ、防御率３・32
★最多勝１度、最高勝率１度、（最多完封２度）
★球宴４度
★主な記録＝カムバック賞

【斎藤佑樹】
●１９８８年６月６日生まれ、群馬県出身。１７６センチ、77キロ。右投げ右打ち

●早稲田実高〈甲子園〉→早大→日本ハム（11年ドラフト1位〜21年）
★通算11年＝89試合15勝26敗0セーブ、防御率4・34
★球宴2度
★主な記録＝開幕投手1度

❷3種類のフォークを投げ分けた上原浩治

「変化球」つながりで話します。三振が欲しいときに「空振りが取れる」、ダブルプレーがほしいときに「ゴロを打たせられる」、ツーアウトで大きな外野フライでもチェンジという状況で「フライを打たせられる」。この変化球を持っていたピッチャーを挙げていきます。

まず巨人の上原浩治投手です。上原投手の最大の武器はコントロールかつテンポがよい。しかも3種類のフォークボール、ストレート、スライダー。すべての球種でカウントを取れる。すべての球種で空振りが取れる。

フォークは3種類を投げ分けていたのが私でもわかりました。空振りを取る落差の大きなフォーク。スピードのあるフォーク。カウントを取る小さなフォーク、いまで言うスプリットフィンガードファストボールです。

フォークでカウントを稼げるピッチャーはなかなかいません。さらに、スライダーは左バッターの内角に食い込んでくるので、左バッターはほとんど詰まっていました。

ボールゾーンでバッターの目先を変えなくても、ストライクゾーンだけで堂々と勝負ができる。投球間隔は高校野球並みに短いから試合が早く終わる。これは私の29年のプロ野球審判生活で上原投手がナンバーワンです。

とにかく球審が上原投手のテンポにいつの間にか合わせている。ひきずり込まれている。ピッチャーが投げる瞬間に合わせて腰を落とす。審判にもジャッジする上でのテンポというものがあるんです。

困るのはテンポがよくないピッチャーです。ランナーが出ると牽制球をたくさんほおる。キャッチャーのサインにわざと首を振ってみる。たとえば中日のK投手、S投手。なかなかテンポが合わないんです。

現在のプロ野球はデータ全盛時代で、マスコミ的に言うと「**9イニング平均の与四球率が2・00個だと抜群のコントロール」らしくて、ヤクルトの石川雅規投手がその2・00個。なのに上原投手は驚異の1・26個。**これは日本プロ野球の歴史でも特筆すべき数字だそうです。

【上原浩治】

●1975年4月3日生まれ、大阪府出身。187センチ、87キロ。右投げ右打ち

●東海大仰星高→大体大→巨人（99年ドラフト1位〜08年）→メジャー（09〜17年）→巨人（18年〜19年）

★通算21年＝748試合134勝93敗128セーブ104ホールド、防御率2・94（日米通算）

★最多勝2度、最優秀防御率2度、最高勝率3度、最多奪三振2度、（最多完封1度）

★沢村賞2度、ベストナイン2度、ゴールデングラブ賞2度、球宴9度（日本8、米国1）、新人王（日）
★主な記録＝100勝100ホールド100セーブ、「20勝&30セーブ」、Wシリーズ胴上げ投手

03 私には大魔神のフォークが〝見えた〟

「ハマの大魔神」と呼ばれた横浜の佐々木主浩投手のフォークボール。150キロ級のストレートも速かったが、代名詞はやはりフォーク。不規則回転をして落ちるフォークを投げる投手も多かったが、佐々木投手のフォークはど真ん中にきて真下にストンと大きく落ちるイメージです。

「球審でも佐々木投手のフォークボールは投げ始めですぐわかるのに、バッターはなぜ

みんな振るんだろう？　しかもワンバウンドになるボール球を」

私は不思議でたまりませんでしたが、打者の話を総合するとこうです。

「ピッチャーはテークバックのとき腕を自分の体で隠すので、ボールの握りが見えない。しかも、ストレートとフォークの腕の振りは同じなので、どちらの球種か判断できない。当然ストレートだと思って振りにいく。わかったときは落ちている。だから空振りする」

私たち球審は腰を下げて構える分、バッター目線より低くなる。どちらかと言えば、目の角度はキャッチャー目線に近い。フォークピッチャーが、挟んだボールを腰から耳の後ろに持っていく間は握りが見えているんです。

佐々木投手はフォーク以外に、フォークの軌道と似たカーブなのかスライダーを投げました。フォークとは違います。中日から巨人に移った落合博満選手が佐々木投手のピッチングについて何かで話しているのを聞いたことがあります。

「フォークと思うから落ちるとか、落差があるように感じる。速いカーブと思って打てばいい」

だから、それがやはり佐々木投手の攻略法になるんでしょうね。佐々木投手を打ったバッターはあまりいなかったと思いますが、１９９８年横浜優勝の「絶対的守護神」だったシーズンに、中日の大西崇之選手が同点2ランを打ったんです。45セーブを挙げた佐々木投手がこのシーズン唯一打たれたホームランだったし、逆に大西選手が打ったそのシーズン唯一のホームランでもあったんです。

「佐々木を打ちたかったら大西に聞け。目をつぶって打ったんじゃないか」

大西選手はよく中日のダグアウトで茶化されていましたね（笑）。

【佐々木主浩】

●１９６８年2月22日生まれ、宮城県出身。１９０センチ、98キロ。右投げ右打ち

●東北高〈甲子園〉→東北福祉大→横浜（90年ドラフト1位～99年）→マリナーズ（00年～03年）→横浜（04年～05年）

★通算16年＝６６７試合、50勝54敗３８１セーブ、防御率2・60（日米通算）

★最優秀救援5度
★MVP1度、ベストナイン1度、球宴10度（日8、米2）、新人王（米）
★主な記録＝連続試合セーブ22（日）

❹ダルビッシュのフォークは「鉛の球」

セ・リーグとパ・リーグの審判部が統合されたのが2011年。それ以前から「球審として直接投球を見てみたい」と気になる存在がダルビッシュ有投手でした。

プロ入り2年目の06年から6年連続2ケタ勝利、07年から5年連続防御率1点台。何より毎年10個近くの「貯金」をつくる圧倒的なピッチングを展開していました。私は07年日本シリーズの日本ハム—中日戦に審判として出場し、ダルビッシュ投手のすごさを知っていました。

ダルビッシュ投手は日本最後の10年・11年しか球審として見ていませんが、その2シーズンは連続して「最多奪三振」のタイトル獲得。10年は「最優秀防御率」だし、11年は18勝。最高潮の2年でした。

「変化球はアートだ」と自ら口にするくらい多彩で、11種類あるともいわれる変化球すべてが力強かった印象。**空振りを取るためのフォークもキレというより球威がある。まるで鉛の球を使って投げているようなイメージ。**当然、打っても打球がドン詰まりしそうなフォークを投げていた唯一のピッチャーです。

【ダルビッシュ有】

●1986年8月16日生まれ、大阪府出身。196センチ、100キロ。右投げ右打ち

●宮城・東北高〈甲子園〉→日本ハム（2005年ドラフト1巡〜11年）→レンジャーズ（12年〜17年）→ドジャース（17年）→カブス（18年〜20年）→パドレス（21年〜）

★通算17年＝379試合、172勝105敗0セーブ、防御率2・79（日米通算）

★最多勝1度（米）、最優秀防御率2度（日）、最高勝率1度（日）、最多奪三振4度（日3、米1）、（最多完封1度）

★沢村賞1度、ＭＶＰ2度、ベストナイン2度、ゴールデングラブ賞2度、球宴10度（日5、米5）

05 〝ダルビッシュ以上〟だと思った金子千尋

ダルビッシュ投手同様、金子投手もいったい何種類あるのかなというくらい変化球が多かったんです。私はよくキャッチャーに聞いていました。

「いまのはフォーク？」

「ツーシームです」

「今度はカットボール？」

「ナチュラルストレートです。ストレートのサインを出しても、ちょっと力を入れて、カットボールっぽく投げるんです。だからバッター、これ絶対打てないと思いますよ」

しかもストレートは、あれだけ細い体（180センチ77キロ）で、阪神・藤川球児投手の「火の玉ストレート」レベルです。ドーンって来るボールを投げる。

ダルビッシュ投手は5〜6年連続で圧倒的な成績を残しました。一方の金子投手は、ファンのかたにはときどき離脱するイメージがあるかもしれません。

しかし、私個人の意見では、当時はダルビッシュ投手より金子投手のほうが数段上だと思っていました。ダルビッシュ投手は当然1、2位を争うピッチャーですが、フォアボールで崩れていく試合があった。金子投手に関しては、フォアボールで崩れることがまずなかった。

いつだったか、金子投手がテレビで技術的なことを話していました。

「地面に左足を着いてから一瞬、上半身を浮き上がらせる」

その分だけ球離れが遅い。球持ちがいい。つまりタイミングがずれるということです。

先述したように、球審がタイミングを合わせづらいピッチャーです。球審が合わせづらいということは、バッターも合わせづらい、要するにいいピッチャーです。

ストレートも変化球も腕の振りが似ている。初めて金子投手を見たときに、「何じゃ、このピッチャーは……」という印象でしたから。

2013年に関しては「困ったら三振取りゃいいんだろう」みたいな絶好調。楽天が創設初優勝を遂げたあとの、いわゆる「消化試合」に金子千尋投手が先発しました。

「あれ、優勝決まったのに、まだ投げんの?」

「シーズン200奪三振の記録がかかってるんで、あと9個取るまで投げますから」

「シーズン200奪三振」を記録したピッチャーがいないわけではないですし、星野仙一監督がなぜ記録阻止にこだわったかは定かではありません。ただ、楽天打線は空振りしないよう、バットに当ててゴロでアウトになるという試合展開でした。それでも結局9個を取り切りました。

13年15勝200奪三振。14年16勝199奪三振。とにかく楽しそうに投げていた。セ・リーグではいないタイプだな、と。故障や契約のタイミングもあったのでしょうが、「メジャーリーグでの活躍を一番見てみたいな」と心から思ったピッチャーです。

【金子千尋】
●1983年11月8日生まれ、新潟県出身。180センチ、77キロ。右投げ左打ち
●長野商高〈甲子園〉→トヨタ自動車→オリックス（05年ドラフト1巡〜18年）→日本ハム（19年〜）
★通算16年＝384試合、129勝92敗5セーブ、防御率3・07
★最多勝2度、最優秀防御率1度、最多奪三振1度、（最多完封2度）
★沢村賞1度、MVP1度、ベストナイン1度、ゴールデングラブ賞1度、球宴3度
★主な記録＝全球団勝利（史上18人目）

❻吉見一起こそ「打たせて取るピッチャー」のお手本

当時パ・リーグを代表するのが金子千尋投手なら、セ・リーグを代表するのは吉見一起投手。日本球界の両巨頭でした。

2人とも高校時代に甲子園の土を踏んでいます。かたや金子投手が長野商高から社会人野球のトヨタ自動車を経て、2005年ドラフト1巡でオリックス入団。こなた1歳下の吉見投手は金光大阪高卒業後、同じトヨタ自動車を経て、06年ドラフト1巡で中日入り。

金子投手はプロ入り4年目の08年に初めて2ケタ勝利を挙げて主力にノシ上がったのですが、吉見投手も初めて2ケタ勝利を挙げたのがプロ入り3年目の08年でした。

金子投手同様、吉見投手もすべての球種においてストライクが取れました。ストレート、スライダー、カットボール、フォーク、シュート、チェンジアップ。**吉見投手は手も足も出ない「空振り三振」というよりも「ゴロを打たせる天才」だと思います。**簡単に追い込んで、ゴロの山を築く。だからダブルプレーが多かったのではないでしょうか。

特に右バッターのインコースのボールゾーンからストライクになるスライダーは抜群でした。**曲がりが遅いので、バッターはボール球だと思って必ず見送ります。手を出してもファウルにしかなりません。**そんな日は、左バッターの外から入ってきてストライクになる、いわゆる「ハチマキ」スライダーも切れていて無敵でした。

ただ、スライダーを続けても空振りは取れないので、追い込んだら谷繁元信捕手がゴロを打たせる配球をしていました。芸術的なピッチングを展開する。だから「このバッテリー、頭いいな」と思いながらジャッジしていました。

当時、吉見投手と前出ヤクルト・館山投手が08年から5年連続2ケタ勝利の最多勝争い。吉見投手が09年と11年にタイトルを獲得しましたが、右ヒジを痛めて、現役通算15年で90勝56敗。１００勝に届いていないのは、一時の輝きからして意外だったほどです。

【吉見一起】

●1984年9月19日生まれ、京都府出身。182センチ、90キロ。右投げ右打ち

●金光大阪高〈甲子園〉→トヨタ自動車→中日（06年ドラフト1巡～20年）

★通算15年＝223試合、90勝56敗0セーブ、防御率2・94

★最多勝2度、最優秀防御率1度、最高勝率1度、（最多完封4度）

★ベストナイン1度、球宴4度

★主な記録＝5年連続2ケタ勝利

07 コントロールが抜群なため、逆に困った吉見一起

マスコミの方はよく「ボール1個分の出し入れで勝負する」というような表現を使い

ますが、ボールの直径は約7センチです。

日本プロ野球やメジャーリーグのホームベースは周囲に黒い縁が付いていて、指1本分くらい約2センチです。ここにかすったボールは英語で「オン・ザ・ブラックス」と言って、ストライクを取りましょうというのが現在のジャッジの流れです。

ただし、ルールブック上は一応ボール。「アメリカではそこはストライクだよ」という、いわゆる暗黙の了解事項なのです。


私の場合、その「オン・ザ・ブラックス」が若干広がっていってしまうクセも正直あったので、調整しながらやっていました。

「1回表はここをストライクに取ったのだから、2回以降も同じようにストライク」

「間違いは1球で正す」

両方の見解がありますが、私は後者。そして、私はどちらかと言うと「アウトコースを広めにストライクに取る球審」として、12球団のキャッチャーに知られていました（苦笑）。

吉見投手の場合は正しいストライクゾーンに戻すのが難しかった。なぜならストレートと思い違いをしてしまうほど、スライダーがギリギリまで曲がってこない。ベース通過直前でボール球になる。思わず右手を「ストライク！」と上げてしまい、「しまった」ということが結構ありました。だから、正直な性格の谷繁捕手に「佐々木さん、いまの、ちょっと広過ぎだわ（苦笑）」とよく言われました。吉見投手には私の「ストライクを取る傾向」をうまく利用されていた気がします。

その「9イニング平均与四球率は1・57個」の抜群のコントロールが武器だけに、球審として困ることもありました。さすがの吉見投手も人間ですから年に数回、「立ち上がり」が悪くてストライクが入らないときがあります。アウトコースのスライダーがボール1個分外れると、さすがにプロの球審は「ストライク！」とは言いません。

ところが「吉見投手はコントロールが抜群」という大前提で誰もが見ているために、際どいボールの「見極め」ができない球審が下手ということになってしまうのです。

「佐々木球審、きょうのアウトコース、ちょっと辛くねえか？」

ダグアウトから球筋の高さはわかっても、コースはわかりません。しかし、さすが落合博満監督はちゃんと見ていてくれました。5回表終了時の選手交代のときです。

「外（外角）、全然外れてるのか」

「全然です。きょうは早く曲がり過ぎです」

「だろうな。おめえのせいじゃねえから、気にしないでやれ」

08「球持ち」がよかった投手の双璧は和田毅と杉内俊哉

「球離れが遅いピッチャー」「球持ちがいいピッチャー」は、イコール「打ちづらい好投手」ということを金子投手のところで話しました。

最も球離れが遅いのはソフトバンクの和田毅投手です。体の大きさや手の長さが若干違うのは別にして、**ほとんどのピッチャーよりも打者に近いところでボールを離すので、球審としても、一塁・三塁の塁審としても見ていて違和感がありました。**

プロ入り以来5年連続2ケタ勝利。メジャーリーグでの14年・15年は左ヒジ手術で芳しい成績は残せなかったが、帰国して16年15勝で「最多勝」のタイトルはさすがでした。

和田投手と双璧をなすのがソフトバンクから巨人に移籍した杉内俊哉投手で、球離れが遅かった。**2人とも左腕で140キロそこそこのストレートなのにバッターが空振りします。**奪三振王のタイトルを何度も獲っているのはうなづけます（08年・09年・12年）。オリンピックやWBCに和田投手とともに2人して選ばれましたが、どちらもメンバーから外すことができない好投手でした。

この年代は「松坂世代」です。和田投手は21年現在現役で、日米通算148勝。引退した杉内投手は通算142勝。

同じ時代、斉藤和巳投手を筆頭に、左の和田・杉内、右の新垣渚投手、寺原隼人投手らを先発ローテーションにそろえ、ソフトバンクは強くなっていきました。

【和田毅】
●1981年2月21日生まれ、島根県出身。179センチ、80キロ。左投げ左打ち
●浜田高〈甲子園〉→早大→ソフトバンク（03年ドラフト1位）→カブス（14年～15年）→ソフトバンク（16年～）
★通算19年＝309試合、148勝82敗0セーブ、防御率3・20（日米通算）
★最多勝2度、最高勝率1度、（最多完封1度）
★MVP1度、ベストナイン1度、球宴5度
★新人王
★主な記録＝2004年アテネ五輪・08年北京五輪、06年WBC代表

【杉内俊哉】
●1980年10月30日生まれ、福岡県出身。175センチ、82キロ。左投げ左打ち

●鹿児島実高〈甲子園〉→三菱重工長崎→ダイエー（02年ドラフト3位～11年）→巨人（12年～18年）

★通算17年＝316試合142勝77敗0セーブ、防御率2・95

★最多勝1度、最優秀防御率1度、最高勝率3度、最多奪三振3度、（最多完封2度）

★沢村賞1度、MVP1度、ベストナイン1度、球宴7度

★ノーヒットノーラン1度

★主な記録＝史上最速2000奪三振（1931イニング）

09 オンオフの切り替えがわかりやすい斎藤雅樹

これまで挙げてきた投手より一世代前になりますが、「コントロールがいい投手」ということで巨人の斎藤雅樹投手の名前を挙げます。1980年代後半から1990年代

後半まで、巨人は斎藤―桑田真澄―槙原寛己という強力な先発3本柱が存在しました。

桑田投手もコントロールがいいといわれていましたが、桑田投手は「使える球」と「抜け球」がはっきりしていました。95年開幕第2戦、桑田投手の飯田哲也選手への危険球退場をきっかけに、ヤクルトはビクトリーロードを走りました。斎藤投手はサイドスローからのストレートはもちろん、スライダー、カーブ、シンカーとすべての球をカウント球にも勝負球にも使えました。

槙原投手はフォークボールの抜け球が多かった。それ以前にピッチャーと球審の相性があって、「この球審のときはホームランをよく打たれる」とか「この球審のときは勝率が低い」とか。ピッチャーは験担ぎをするので、こちらは無意識でも、槙原投手のほうが私を意識していたのを感じました。

斎藤投手の試合の中でのオンオフの切り替え。いまはよく「ギアを入れる」と表現されますが、すごくわかりやすいピッチャーでした。**結構ヒットを打たれる半面、ギアが入ったときに抑える完璧ぶりはすさまじいものがありました。だから1試合120球か**

ら135球ほどを投げ抜いて、「ミスター完投」と呼ばれたのです。

私が審判になる前の1989年、11試合連続完投勝利（計21完投）を含む20勝。翌90年にも8試合連続完投勝利（計19完投）を含む連続20勝。

私が審判になってからも95年シーズン130試合制の時代に27先発18勝16完投。現在からは信じられない驚異的な数字です。

斎藤投手のウイニングショットは、スライダーとカーブの中間のような球で「スラーブ」と表現したほうがいいのか。

93年にヤクルトで新人王を獲った伊藤智仁投手が伝説の「高速スライダー」を投げていました。私はナマで見ていないのですが、先輩の審判は言っていました。「岩瀬仁紀のスライダーより、伊藤智仁のスライダーのほうが上。いまだにナンバーワン」

聞いた話によると、伊藤智仁投手のスライダーはかなり鋭角に曲がる。岩瀬投手のスライダーは、バッターの近くまで来て大きく曲がるので、バッターが対応できないのです。

その話からすると、斎藤投手のスラーブは伊藤投手の高速スライダーに近く、鋭角に曲がる。右バッターには、ボールからストライクになるスラーブ。ストライクゾーンの手前ぐらいでうまいこと曲がり終わる。左バッターには、ストライクからインコースボールゾーンへのスラーブ。ストライクだと思って手を出すと食い込まれて詰まる。

サイドスローなので、スライダーとシュートのコンビネーションで打ち取るというのは、やはり基本線であると思いますが、シュートは見せ球に使っていたように思います。

【斎藤雅樹】
●1965年2月18日生まれ、埼玉県出身。181センチ、90キロ。右投げ右打ち
●市立川口高→巨人（83年ドラフト1位〜01年）
★通算19年＝426試合、180勝96敗11セーブ、防御率2・77
★最多勝5度、最優秀防御率3度、最高勝率3度、最多奪三振1度、（最多完封7度）
★沢村賞3度、MVP1度、ベストナイン5度、ゴールデングラブ賞4度、球宴6度
★主な記録＝11試合連続完投勝利、3年連続開幕戦完封勝利、シーズン最多完封7度

⑩緩急の駆使が絶品の今中慎二

２０１５年まで実働29年間で通算２１９勝をマークした山本昌投手とともに、中日の左の二枚看板、緩急を駆使したピッチングの今中慎二投手が思い出されます。

サッカーワールドカップの国際審判として笛を吹いた日本人審判の言葉を借ります。

「球技で一番大事なのはフェイントだ」

つまり、あっちに蹴ると見せかけてこっちに蹴れば、点が入る。その逆もしかり。バレーも卓球も同様です。

野球も同じだと思うんです。内角に投げると見せかけて外角に投げる。速球と見せかけて変化球を投げる。そうすれば打者は打てない。それがピッチング。配球。

今中投手は１００キロ前後のストライクを取るスローカーブ、ボールにするスローカ

ーブを持っていました。１５０キロ前後のストレートとのコンビネーションに、バッターはとにかくタイミングが合わず、見逃し三振の場面が実に多かったのです。さらに、フォークボール、右バッターに対しては外に逃げるシュートを投じました。

とにかく緩急、ボールのキレという意味では右に出るピッチャーはいません。１９９３年から４年連続２ケタ勝利。93年は17勝７敗で「最多勝」と、２４９イニングに投げて２４７個で「最多奪三振」のタイトルを獲得しています。

【今中慎二】
●１９７１年３月６日生まれ、大阪府出身。１８２センチ、73キロ。左投げ左打ち
●大阪桐蔭高→中日（89年ドラフト１位〜01年）
★通算13年＝２３３試合、91勝69敗５セーブ、防御率３・15
★最多勝１度、最多奪三振１度
★沢村賞１度、ベストナイン１度、ゴールデングラブ賞１度、球宴４度
★主な記録＝２ケタ勝利６度

⑪シンカーを軸に「七色の変化球」石川雅規

「落ちるシュート」のことをシンカーと呼びますが、そのシンカーをウイニングショットにするのがヤクルトの石川雅規投手です。

右バッターのどのタイミングでシンカーを使うか。シンカーを起点に、シンカーを生かすためのストレートであり、スライダーであり、フォークであるというのが伝わってきました。

スピード自体は130キロ前後ですが、石川投手のストレートのキレはさすがです。春のキャンプで審判は目慣らしでブルペンに入るのですが、試しに右打席に立ったことがあります。左ピッチャーの石川投手が、右バッターの私のヒザ元に投げ込んだクロスファイヤーのストレート。バッター目線でどう見えるか興味があったのです。**後ろの球審が「ストライク!」とコールしたのですが、右打席の私にはボールに見えました。**なるほどバッターが見逃すわけです。ストレートを含めて恐らく7球種。まさに七色の変化球です。

「伝家の宝刀」シンカーは、いったんフワッと浮き上がって、ストンと沈む。球審をやっていると、構えていてボールの軌道につられ、思わず同じ動きをしてしまうんです。その上下の落差があるときは無敵ですが、ないときは大変失礼ながらバッティングピッチャーのように打ち込まれてしまう。

だから身長167センチと小柄ながら、大卒20年連続白星。2ケタ勝利11度を含む実に177勝もマークしながら、一方で176敗もしている。

左ピッチャーはピッチングの展開上、ほとんどがスライダーとシンカーを投げていて、**でも、石川投手のような一度浮き上がるシンカーを持っているピッチャーはあまりいなかったです。**

右サイドスローですが、現ヤクルト監督の高津臣吾投手は一度フワッと浮き上がるシンカーを投げていました。

高津投手もシンカーがウイニングショットといわれましたが、私が見ていた分にはサイドスローからの伸びのあるストレートがよかった。もう「ギューン」と。１４０キロながらストレートあってこそシンカーが余計に効いたというふうに理解していました。

だから、高津投手はストレートあってのシンカー。石川投手はシンカーを生かすための他の球種。そう私は思っているんです。


【石川雅規】
●１９８０年１月22日生まれ、秋田県出身。１６７センチ、73キロ。左投げ左打ち
●秋田商高〈甲子園〉→青学大→ヤクルト（02年ドラフト１巡〜）
★通算20年＝５０４試合、１７７勝１７６敗０セーブ、防御率３・86
★最優秀防御率１度
★ゴールデングラブ賞１度、球宴２度、新人王
★主な記録＝大卒初20年連続勝利

【高津臣吾】

●1968月11月25日生まれ、広島県出身。180センチ、75キロ。右投げ右打ち

●広島工高〈甲子園〉→亜大→ヤクルト（91年ドラフト3位〜03年）→ホワイトソックス（04年）→メッツ（05年途中）→ヤクルト（06年〜07年）→韓国（08年）→台湾（10年）

★通算17年＝697試合、44勝52敗313セーブ、防御率3・22（日米通算）

★最優秀救援4度

★球宴6度

★主な記録＝日本シリーズ8セーブ（防御率0・00）

⑫日本で一番ロジンバッグを使う石川投手

余談ですが、石川雅規投手は、日本で一番ロジンバッグを使うピッチャーです。日本ハムの伊藤大海投手が東京五輪でたくさんつけて話題になりましたが、石川投手はそんなものではありません。**1球ごとに手にたくさんまぶしてフッと吹く。一つのルーティンでもあるのでしょう。**テレビ中継で石川投手の登板時、ぜひ見てみてください。

「審判さん、すみません、ロジンバッグを換えてください」

「まだ2回表だぞ。プロだからって何でもありじゃない。まだ使える」

「すいません、不安症で。投げているときになくなったら嫌なんで」

まあ変な話、石川投手は礼儀正しくて、我々そんな選手を「仏」と呼んでいますが、石川投手は仏のひとりです。「きょうの先発は石川だから、ロジンバッグ10個用意しとかなきゃ」って冗談でよく言っていました。

⑬判定いらず？　の藤川球児

阪神の藤川球児投手は、ゆったりとした投球フォームから、えげつないストレートを投げ込みました。世間でいわれる「火の玉ストレート」。

藤川投手は基本、ストライクゾーンだけを狙って勝負してくるので、バッターは打ちにいって、ほとんどが空振りか、完全に外れたボール球なんです。よく冗談で言いました。

「藤川投手の場合は判定不要。プレイをかけたら、立っておけばいい」

だからストライク、ボールの判定をした記憶があまりないわけです。誰が見ても空振りか、誰が見てもボールか。「これがプロの真っ向勝負だよな」という印象でした。

藤川投手のボールは初速と終速の差があまりなくて、ホップしてくるように感じるといわれます。実際、「ボールの軌道の2個上を狙ってバットを出す」と言う選手の話も聞いたことがあります。

しかし、いわゆるホップするボールは物理的にもあり得ないので、審判の目から見てそれは感じたことはありません。

ただ大砲を「ドーン!」って打ち込まれたイメージなんです。29年の審判生活でそう感じたのは、藤川球児と巨人にいたマシソン(2012年~19年)だけです。同じ系統のストレートでした。春のキャンプで広島の鈴木誠也選手に興味深い質問をされたことがあります。

「いま日本でストレートが一番速い投手、勢いのある真っすぐ、誰ですか?」

「そりゃ、阪神の藤川と、巨人のマシソンよ」

「よかった。僕も全く同感です。審判さんの目と同じか確認したかったんで」

こちらも逆に強打者と同じ感覚だったのでホッとしました。

【藤川球児】

●1980年7月21日生まれ、高知県出身。185センチ、90キロ。右投げ左打ち
●高知商高〈甲子園〉→阪神（99年ドラフト1位12年）→カブス（13年～14年）→レンジャーズ（15年）→阪神（16年～20年）
★通算22年＝811試合、61勝39敗245セーブ、164ホールド、防御率2・18（日米通算）
★最多セーブ2度、最優秀中継ぎ投手2度
★球宴9度
★主な記録＝シーズン46セーブ（セ記録）、「通算150セーブ・150ホールド」

⑭「本気の伊良部秀輝」は、誰も打てない

スピードのあるピッチャーで思い出すのはロッテや阪神にいた伊良部秀輝投手です。審判の中では「本気の伊良部は誰も打てない」と、よく言われていました。

1993年に西武の清原和博選手との対戦では158キロをマークしましたし、94年のオールスターゲームでは巨人の松井秀喜選手を相手に159キロをマークしました。オールスターゲームは伊良部投手の「本気の試合」の範疇に入っているようです。メジャー帰りの2003年オールスターゲーム第2戦、千葉マリンスタジアム凱旋登板でMVPに選ばれています。

そのオールスターで見たときのストレートは、藤川投手以上だったかもしれない。とにかく球審をしていて「ストレートが怖い」と思ったのは、藤川投手と伊良部投手だけです。

語弊があるかもしれませんが、自分のピッチングができれば、勝ち負けにあまり固執しなかったようです。最後の試合に完封すれば防御率1位というときに本気になるようで、95年・96年と連続「最優秀防御率」のタイトルに輝いています。

【伊良部秀輝】

●1969年5月5日生まれ、沖縄県出身。193センチ、108キロ。右投げ右打ち
●香川・尽誠学園高〈甲子園〉→ロッテ（88年ドラフト1位～16年）→メジャー（97年）→阪神（03年～04年）
★通算17年＝399試合、106勝104敗27セーブ、防御率4・01（日米通算）
★最多勝1度、最優秀防御率2度、最多奪三振2度
★ベストナイン2度、球宴4度
★主な記録＝メジャー6年34勝（ヤンキースで2年連続2ケタ勝利）

⑮「それでも勝つ」摩訶不思議な松坂大輔

ものの本によると松坂大輔投手は「初速と終速の差がない160キロ」をめざしていたそうです。

メジャーリーグ挑戦前の全盛期の松坂投手、一度だけオープン戦の球審で球筋を直接見る機会がありました。試合前、他の審判に聞いた松坂投手評は、摩訶不思議なものでした。

「球数が多い。テンポがよくない。コントロールがよくない。でも勝つ。だから凄い」

実際5イニングで110球も投げて、でもゼロに抑えました。オープン戦なのに、そこまで2時間を要しました（笑）。

「な、面白かっただろ」

ストレートは速い。スライダーのキレもいい。でも、コントロールがとにかく悪い。WBC2大会連続MVPとか、メジャー2008年シーズン18勝とかは、アメリカ野球に松坂投手の球筋が合っていたのかもしれませんね。

冒頭の「初速と終速の差がない」ということは球離れが遅いということ。先述した「バッターや球審とタイミングが合わない」ピッチャーには、勝てるピッチャーが多い。松坂投手がその典型なのでしょう。

２０２０年3月、西武ドームでのオープン戦、松坂投手を見ました。全盛期を見ていただけに正直、涙が出てきました。そして、２０２１年を最後に松坂投手は引退。

私も野球人のはしくれで、野球が三度の飯より好きです。松坂投手は甲子園で優勝して、パ・リーグで優勝して、日本シリーズ、ワールドシリーズ、ＷＢＣを制覇。松坂投手はやはり日本の野球人に勇気をくれた特別なピッチャーでしたよね。

【松坂大輔】

●1980年9月13日生まれ、東京都出身。183センチ、93キロ。右投げ右打ち

●神奈川・横浜高〈甲子園〉→西武（99年ドラフト1位〜06年）→レッドソックス（07年〜12年）→メッツ（13年）→ソフトバンク（15年〜17年）→中日（18年〜19年）→西武（20年〜21年）

★通算23年＝377試合、170勝108敗2セーブ、防御率3・53（日米通算）

★最多勝3度、最優秀防御率2度、最多奪三振4度、（最多完封4度）

★沢村賞1度、ベストナイン3度、ゴールデングラブ賞7度、球宴7度、新人王、カムバック賞

★主な記録＝高卒新人「3年連続最多勝」、1試合16奪三振

⑯〝風に負ける〟渡辺俊介のストレート

逆にストレートが最も遅いピッチャーの代表は、ロッテの渡辺俊介投手でした。投げたボールがなかなかキャッチャーミットまで到達しない。

渡辺投手が強風で有名な千葉マリンスタジアムで投げるとき、125キロのストレートは風に負けます。里崎智也捕手との会話です。

「佐々木さん、きょうは俊介なんで、風に負けてサイン通りに来ません。球を止めるゴールキーパーに徹します」

スライダーを投げたのだろうが、風の影響でいい塩梅（あんばい）にナックルみたいに揺れて落ちる。だから、バッターは手も足も出ない。必死にバットに当ててもゴロになったり、ポ

ップフライになったり……。

ストレートは浮き上がってきます。しかし、以前巨人に在籍した入来祐作の勢いあるライジングボールというのではなく、少年のソフトボールみたいにゆっくりフワッと上がってくるイメージです。だが、キレはある。

コントロールも決していいピッチャーではなかった。せっかく3B―0Sから3B―2Sまで持っていっても、粘られてフォアボールというのをよく見ました。ボールが遅いので、どうしてもバッターに見極められてしまうのです。

ただ、バッターが打つ瞬間にボールを動かせるという技術があったので、芯から外してゴロになったり、ポップフライになったり……。力技というより、打たせて取る天才でした。

渡辺投手は2001年ドラフト4位で入団して、通算13年で87勝もしています。06年WBCでは韓国戦2試合とキューバ戦に登板する中心投手でした。

【渡辺俊介】

●1976年8月27日生まれ、栃木県出身。177センチ、70キロ。右投げ右打ち

●国学院栃木高→国学院大→新日鉄君津→ロッテ（2001年ドラフト4位〜13年）

★通算13年＝255試合87勝82敗0セーブ、防御率3・65

★（最多完封1度）

★球宴2度

★主な記録＝日本シリーズ初登板無四球完封（史上3人目）

⑰ボールの回転が抜群に綺麗な岸孝之&涌井秀章

ストレートは別名「4（フォー）シーム（縫い目）」と呼ばれます。ボールが1回転する間に縫い目が4回空気抵抗を受け、揚力を発揮して伸びるのです。

先ほどのフォークボールが落下する規則回転・不規則回転ではないですが、ストレートの回転が抜群に綺麗なのは楽天の岸孝之投手と涌井秀章投手です。

岸投手は**通算１４１勝。「最優秀防御率」のタイトルを獲得しているし、ノーヒットノーランをマークしている。**

一方の涌井投手は**通算１５０勝。西武・ロッテ・楽天と３球団で「最多勝」のタイトルを獲得している史上唯一のピッチャーです。**

最近ではメジャーのように「回転が汚くて、バッターのミートを少し外す」ボールがトレンドのようですが、回転が綺麗だと岸投手や涌井投手のように日本球界で好成績を挙げられるのも確かなのです。

ＹｏｕＴｕｂｅで動画撮影して高校野球のピッチャーに見せてあげて「プロのピッチャーが投げるストレート」「これぞプロ」とお手本で見せてあげればいいのにとよく思います。

【岸孝之】

●1984年12月4日生まれ、宮城県出身。180センチ、77キロ。右投げ右打ち

●名取北高→東北学院大→西武（2007年ドラフト1位〜16年）→楽天（17年〜）

★通算15年＝326試合、141勝94敗1セーブ、防御率3・06

★最優秀防御率1度、最高勝率1度、（最多完封4度）

★ゴールデングラブ賞1度、球宴4度、

★ノーヒットノーラン1度

★主な記録＝日本シリーズ12イニング連続奪三振

【涌井秀章】

●1986年6月21日生まれ、千葉県出身。185センチ、85キロ。右投げ右打ち

●神奈川・横浜高〈甲子園〉→西武（2005年ドラフト1位〜13年）→ロッテ（14年〜19年）→楽天（20年〜）

★通算17年＝458試合、150勝140敗37セーブ、防御率3・57

★最多勝4度
★沢村賞1度、ゴールデングラブ賞4度、球宴6度、
★主な記録＝3球団で「最多勝」のタイトル獲得は史上初

⑱ノーヒッター・菅野智之、千賀滉大

「ノーヒットノーラン」投手について話します。

2018年のクライマックスシリーズ。巨人の菅野智之投手が、神宮で行われたヤクルトとのファーストステージ第2戦でノーヒットノーランを達成しました。9回7奪三振1四球。あの試合の球審が私です。

左バッターのインコース、右バッターのインコースのストレートだけは素晴らしかっ

たんですが、調子は悪くて、ほかの変化球は構えたミットに対して「逆球」が多かった。ヤクルト打線がずっと打ちあぐねていたんです。

リードする小林誠司捕手も困っていました。

「きょうの菅野は落ち着かないです」

「って……、まだパーフェクトだぞ。こっちもプレッシャーかかるよ」

7回ツーアウトから山田哲人選手がフォアボールを選んでパーフェクトゲームは途切れましたが、結局ノーヒットノーランです。

後日、小林捕手と話したものです。

「完璧な状態じゃないときほど、意外とああいうことが起こるもんだね」

2016年から3年連続防御率1位の菅野投手とともに、「セ・パを代表する名投手」の名声を獲得するのがソフトバンクの千賀滉大投手。160キロ級ストレートと落差の大きい「お化けフォーク」を武器として2016年から6年連続2ケタ勝利、19年にノーヒッターになっています。

私が球審を務めたのはその19年だったでしょうか。千賀投手は虫の居所がわるかったのか、なぜかド真ん中しか投げなくてパカンパカン打たれて、甲斐拓也捕手がマウンドにたしなめに行っていました。

「何やってんだ、お前。そんな気持ちだったら代われ！」

しかし、ノーヒットノーランを達成した試合、2人の嬉しそうな顔をテレビのスポーツニュースで観ました。2人とも2011年育成選手からの叩き上げですよね。

甲斐捕手の思いに千賀投手が応えて。20年に最優秀バッテリー賞に選ばれて。いいバッテリーですよね。ああいうシーンを見ていると審判としても嬉しいです。


【菅野智之】
●1989年10月11日生まれ、神奈川県出身。186センチ、92キロ。右投げ右打ち
●東海大相模高↓東海大↓巨人（13年ドラフト1位〜）
★通算9年＝215試合、107勝56敗0セーブ、防御率2・39
★最多勝3度、最優秀防御率4度、最高勝率1度、最多奪三振2度、（最多完封2度）
★沢村賞2度、MVP2度、ベストナイン4度、ゴールデングラブ賞4度、球宴7度

★ノーヒットノーラン1度（クライマックスシリーズ）
★主な記録＝3年連続最優秀防御率（他に稲尾）

【千賀滉大】
●1993年1月30日生まれ、愛知県出身。187センチ、90キロ。右投げ左打ち
●愛知・蒲郡高→ソフトバンク（11年育成ドラフト4位〜）
★通算11年＝202試合76勝38敗22ホールド1セーブ、防御率2・69
★最多勝1度、最優秀防御率1度、最高勝率1度、最多奪三振2度、（最多完封1度）
★ベストナイン2度、ゴールデングラブ賞2度、球宴3度
★ノーヒットノーラン1度
★主な記録＝シーズン奪三振率11・33

⑲山井大介―岩瀬仁紀の「継投・完全試合」

２００７年日本シリーズの中日―日本ハム第５戦、ナゴヤドームで中日の山井大介投手―岩瀬仁紀投手が「継投・完全試合」を達成しました。８回表終了時点でパーフェクト。あの交代は世間で賛否両論でした。私の率直な感想を話します。

グラウンドに立つ審判は、レギュラーシーズンで４人。日本シリーズなどはライト外審、レフト外審がプラスされて６人。あの試合、私は控え審判２人のうちのひとりで、中日のダグアウトに隣接する控室で待機していました。

私はレギュラーシーズンの山井投手の登板時、よく球審のマスクをかぶっていました。当時の山井投手はこう言ったら失礼ですが、好不調の波が結構大きかったんです。その**試合の山井投手は、うまいこと球が散らばったのが奏功して相手が打ち損じ、何とか８**

回終了までたどりついた。「交代だろうな」というのが私の正直な感想でした。

後日、「山井投手が右人差し指の皮がむけていた」という裏事情を知りましたが、それは抜きにしてです。

何より「守護神は岩瀬仁紀」というのが中日の勝利の方程式でしたから。球審を務めていた審判も私に「やっぱ替えたわ」とボソッと言って、交代をウグイス嬢に告げてグラウンドに再び出ていきました。

私は守っている選手はどんな顔をしているか、注意して見てみました。全然、普通で違和感はありません。動揺してザワついているのはスタンドの観客だけでした。

山井投手は、ストレートがキレているときのピッチングはすごかった。フォークボールとスライダーが決め球でした。不調時は、ボールの回転がよくなくて、いわゆる「真っスラ」したりボールが勝手に動き、カウントを不利にして甘い球を投げて打たれるパターン。

その後、2013年に正真正銘のノーヒットノーラン、翌14年に「最多勝」のタイトルを獲得して、「山井投手、よかったなあ」と陰ながら思っていた次第です。

【山井大介】

●1978年5月10日生まれ、大阪府出身。179センチ、86キロ。右投げ右打ち
●兵庫・神戸弘陵学園高→奈良産大→河合楽器→中日（2002年ドラフト6巡〜21年）
★通算19年＝336試合、62勝70敗20セーブ32ホールド、防御率3・75
★最多勝1度、最優秀勝率1度
★球宴1度
★ノーヒットノーラン1度
★主な記録＝日本シリーズ「継投・完全試合」

【岩瀬仁紀】

●1974年11月10日生まれ、愛知県出身。181センチ、84キロ。左投げ左打ち
●愛知・西尾東高→愛知大→NTT東海→中日（99年ドラフト2位〜2018年）

★通算20年＝1002試合、59勝51敗82ホールド407セーブ、防御率2・31
★最多セーブ5度、最優秀中継ぎ投手3度
★球宴10度
★主な記録＝通算登板1002（先発1）、通算セーブ407、シーズンセーブ46（セ記録）、15年連続50試合登板

⑳ピッチャーのビーンボールは何となくわかる？

ピッチャーというのは正直で、投げるゾーンに最後、目で「ライン付け」をします。**つまり投げる目標を必ず見るんです。ピッチャーの性でしょうね。**

私たちは春のキャンプのときから、ピッチャーの目を見ながら「アウトコースだな」「インコースなんだな」とジャッジの訓練をします。ある程度、コースがわかっていると、

ジャッジしやすいからです。

ピッチャーが最終的に見るところはキャッチャーのミットですから、普通は目線が下に行くんです。それが、バッターを狙いに（？）行くときは、アゴが上がるんですね。本当に狙ったかどうかは証明できませんが、バッターが怒って乱闘事件になるというのはそういう理由からでしょう。

1994年5月、神宮球場。2回表、ヤクルトの西村龍次投手が巨人の村田真一選手に頭部直撃のデッドボールを与え、村田選手が担架で退場。3回裏、巨人の木田優夫投手が、打席に入った西村投手の尻にぶつけた。7回表、今度は西村投手がグラッデン選手の顔面付近にボールを投じた。怒ったグラッデン選手が、中西親志捕手に左アッパー。大乱闘に発展。これをきっかけに「頭部・顔面死球は、投手は即退場」となりました。

同じ94年の6月に広島の佐々岡真司投手のすっぽ抜けたスローカーブが、巨人のコトー選手の頭部にコツンと当たった。コトー選手は苦笑しながら一塁に歩き、佐々岡投手は「危険球退場」となりました。

「さすがにこれはないだろう」となってルールが改正されました。故意か否かは関係なく、頭部付近に「速いボール」が当たれば、自動的に退場です。スピードは何キロ以上という明確な基準があるわけではなく、球審の判断です。


当時はデッドボールに端を発した乱闘劇が多かった。私はまだ二軍の審判で、神宮球場に見学に行っていて、ヤクルト―巨人の乱闘を生で見ていました。審判の先輩方に、「絶対当てっこになる」雰囲気があるから、それをつかんでおきなさい。乱闘後の処理の仕方を覚えなさいという教えを受けました。

当時は野次もすごかったですよ。ダグアウトから、あからさまに「当てろ！」「わかってんだろうな」「お前、ただで帰れると思うなよ」。そういう会話が試合中に平気でいっぱい飛びかっていました。

そういう野次を聞いた場合には試合を止めて「警告試合」にすることが95年以降は徹底されました。

デッドボールから乱闘事件に発展するのが極端に減ったのが、中畑清・代理監督で日本が銅メダルを獲った２００４年のアテネ五輪以降です。なぜかというと、初めて日本代表全員がプロ選手で結成されたからです。それまであまり他チームとの交流がなかったのが、自主トレーニングなどでも交流するようになって、デッドボールが減ったというわけです。

【西村龍次】
●１９６８年7月18日生まれ、広島県出身。１８２センチ、94キロ。右投げ右打ち
●香川・寒川高↓ヤマハ↓ヤクルト（90年ドラフト１位〜94年）↓近鉄（95年〜97年）↓ダイエー（98年〜01年）
★通算12年＝２０５試合、75勝68敗2セーブ、防御率３・76
★（最多完封１度）
★球宴2度

★主な記録＝入団４年連続２ケタ勝利。３球団で開幕投手

【木田優夫】

●１９６８年９月12日生まれ、東京都出身。１８８センチ、98キロ。右投げ右打ち

●山梨・日大明誠高→巨人（87年ドラフト１位～97年）→オリックス（98年）→メジャー（99年～05年）→ヤクルト（06年～09年）→日本ハム（10年～12年）

★通算26年＝５８１試合、74勝83敗51セーブ、防御率４・04（日米通算）

★最多奪三振１度

★球宴２度

★主な記録＝２ケタ勝利１度

第2章　守備を見る

㉑「バント処理、二塁送球」が傑出していた桑田真澄、松坂大輔

私はまだプロの審判になっていませんでしたが、ゴールデングラブ賞のピッチャー部門は巨人の堀内恒夫投手が第1回の1972年から7年連続で受賞、続いて79年から西本聖投手が7年連続、87年から桑田真澄投手が7度、最近では菅野智之投手が2016年から4度。巨人は王貞治選手・長嶋茂雄選手に代表される打撃のチームと思われるファンもいらっしゃるでしょうが、**巨人のピッチャーの守備は伝統的に上手いです。**

私が見た中ではセ・リーグでは桑田投手、パ・リーグでは松坂大輔投手が、二大巨頭です。まずバント守備。投げてからマウンドを降りてくるスピード。打球を捕ってからセカンドに投げるまでのスピード、送球の正確さ。一か八か投げるピッチャーが多い中、2人に限ってはダブルプレーを狙えるよう、野手が次に投げやすいところにピンポイン

トで投じるのです。

桑田投手は1995年にダイビングキャッチして右ひじ靱帯を断裂したのに、97年の復活登板の試合でもダイビングキャッチをしました。もう体に染み込んでいるんでしょうね。牽制球は、アウトにする牽制ではないのですが、走者を一塁にクギ付けにするための牽制。ただボークも結構ありました。そこは紙一重でしたね。

松坂投手は、横浜高時代のコーチに「プロに行ってからバント処理や牽制が覚えられなくて一軍に上がれないのはもったいない」と、高校時代から徹底的に仕込まれたらしいです。

松坂投手は高校出1年目から7度ゴールデングラブ賞を受賞しています。同じ横浜高出身の西武・涌井秀章投手も4度、中日・柳裕也投手も21年初受賞です。

【桑田真澄】

●1968年4月1日生まれ、大阪府出身。174センチ、80キロ。右投げ右打ち

●PL学園高〈甲子園〉→巨人（86年ドラフト1位〜06年）→パイレーツ（07年）

★通算22年＝461試合、173勝142敗14セーブ、防御率3・59（日米通算）
★最優秀防御率2度、最高勝率1度、最多奪三振1度
★沢村賞1度、MVP1度、ベストナイン1度、ゴールデングラブ賞8度、球宴8度
★主な記録＝ゴールデングラブ賞8度は西本聖と並ぶ投手最多

一塁牽制が上手かった前田健太

広島の前田健太投手は牽制球でランナーを一塁にクギ付けにするのではなく、実際によくアウトにしました。

セ・パ交流戦のロッテ戦。私が一塁塁審のとき、当時ロッテの伊東勤監督が確認に出てきました。

「ボークじゃない？」

「いやいや、綺麗な牽制ですよ」
「でも、ヒザが折れているようにしか見えねえぞ」
「マエケンお見事。監督、これはしょうがない」

左足を踏み出していないとか、肩が入っていないとか審判に確認に来る相手コーチもいますが、前田投手は「一塁ターン」が抜群に速くて上手かったですね。

一方、左ピッチャーというのは一塁ランナーが常に視界に入っていますが、ことランナーを刺すということになると、利き腕を思い切り振れない分、逆に右ピッチャーより難しいかもしれません。

左ピッチャーで牽制が上手かったのは、投手ゴールデングラブ賞を両リーグで唯一獲得している工藤公康投手です。

簡単に説明すると、左投手の場合、当たり前のこととはいえ、右足をホームに踏み出せばホームへ投球、右足を一塁に踏み出せば一塁に牽制球。

教科書通りの牽制をする。要はボークの要素がない。ランナーはだまされなくても、動作が速いので帰塁が少し遅れる。西武でも巨人でも一緒にプレーした清原和博一塁手が「おおい、牽制かい」なんて言って、慌ててプレーしていましたから。

ただ工藤投手は、セットポジションに入ったとき、まず一塁を見ると、投球。セットポジションに入ったとき、まずキャッチャーを見ると、一塁牽制。「そんなクセがあるんです」とプロ野球記者が見破っていました。

【前田健太】

●1988年4月11日生まれ、大阪府出身。185センチ、84キロ。右投げ右打ち

●PL学園高〈甲子園〉→広島（07年高校生ドラフト1巡～15年）→ドジャース（16年～19年）→ツインズ（20年～）

★通算15年＝387試合、156勝108敗6セーブ、防御率2・89（日米通算）

★最多勝2度、最優秀防御率3度、最多奪三振2度

★沢村賞2度、ベストナイン3度、ゴールデングラブ賞5度、球宴5度

★ノーヒットノーラン1度

★主な記録＝開幕投手1度（米）

【工藤公康】

●1963年5月5日生まれ、愛知県出身。176センチ、80キロ。左投げ左打ち

●愛知・名古屋電気高〈甲子園〉→西武（82年ドラフト6位～94年）→ダイエー（95年～99年）→巨人（00年～06年）→横浜（07年～09年）→西武（10年）

★通算29年＝635試合、224勝142敗3セーブ、防御率3・45

★最優秀防御率4度、最高勝率4度、最多奪三振2度、（最多完封3度）

★MVP2度、ベストナイン3度、ゴールデングラブ賞3度、球宴10度

★主な記録＝実働29年は史上最多タイ

㉓「スーパー・クイック」久保康友

ロッテ、阪神、ＤｅＮＡと移籍した**久保康友投手のクイックモーションは、びっくりするぐらい速かったですね。**球界でも「スーパー・クイック」という異名が浸透していました。

ピッチャーが投球動作に入るとき、球審は腰を低く構えてボール、ストライクをジャッジする準備をするのですが、準備が間に合わない唯一のピッチャーでした。

一塁ランナーを警戒しながら投球がいつ来るかわからない。広島の前田健太投手、ロッテの小野晋吾投手、中日の浅尾拓也投手も速かったですが、「あ、投げてくるな」とわかりました。久保投手の場合、構え遅れてしまう。本当に苦労しました。

２０００年代前半はヤクルトの古田敦也捕手、阪神の矢野燿大捕手、巨人の阿部慎之助捕手がいて、現在より盗塁は難しかったかもしれません。

中でも浅尾拓也投手の牽制は上手いし、クイックモーションも速い。しかも、バッテリーを組むのは強肩の谷繁元信捕手。２００1年のプロ入り以来、5年連続盗塁王の韋駄天・阪神の赤星憲広選手が「浅尾投手のときは盗塁の選択肢がない」と言っていたのが印象深いです。

【久保康友】

●１９８０年8月6日生まれ、奈良県出身。１８１センチ、81キロ。右投げ右打ち

●関大一高〈甲子園〉↓松下電器↓ロッテ（２００５年ドラフト１位）↓阪神（09年〜13年）↓横浜（14年〜17年）

★通算13年＝３０４試合、97勝86敗6セーブ、防御率３・70

★最高勝率１度、（最多完封１度）

★球宴１度

★新人王

★主な記録＝全球団勝利（史上7人目）

【浅尾拓也】

●1984年10月22日生まれ、愛知県出身。182センチ、78キロ。右投げ右打ち

●愛知・常滑北高→日本福祉大→中日（2007年大社ドラフト3巡〜18年）

★通算12年＝416試合、38勝21敗200ホールド、防御率2・42

★最優秀中継ぎ投手2度

★MVP1度、ゴールデングラブ賞1度、球宴2度

★主な記録＝シーズン47ホールド（史上2位）

㉔世界一のキャッチャー・谷繁元信

２００４年アテネ五輪、06年ＷＢＣ。日本野球は海外の審判から、けちょんけちょんに言われました。特に「キャッチャーのマナーの悪さ。ミットは動かす。まだ球審が判定してないのに立ち上がる」などの声が多かったと思います。

そんな中、「世界一のキャッチャー」は横浜、中日に在籍した谷繁元信捕手だと思います。**谷繁捕手には「ミットが流れてストライクがボールとジャッジされないように、ちゃんと止める。逆にボール球をストライクゾーンに入れない」というポリシーがあるようです。**

かつてはキャッチング、最近はフレーミングと表現するらしいですが、とにかく、来た球を素直にきっちり捕る天才です。ごまかすことは一切ない。

「佐々木さん、いまのはちょっと甘い。忘れておきますから（次は修正してください）」

そう正直に言う唯一のキャッチャーでした。

ちなみに球審としての考え方は二通りあって、ひとつは最初に際どい球をストライクと言ってしまったので、その試合はストライクで押し通す。もうひとつは、ボールをストライクと言ってしまったが、それだけにして修正する、というものです。**先輩からの教えとしては、「間違いは1球で止めておけ」でした。**


谷繁捕手と近いところにいたのがソフトバンク、阪神に在籍した城島健司捕手です。

「あれ、ちょっと甘かったかな……」

「佐々木さん、気のせいです。そのぐらいストライクに取らないと、ピッチャー死んじゃいますから」

そんなキャッチャーがほとんどの中、この2人に関しては、いい意味で信用していました。谷繁捕手や城島捕手は、体は大きいが、低く構えてボールを捕った位置をちゃんと見せてくれるのです。

【谷繁元信】
●1970年12月21日生まれ、広島県出身。176センチ、81キロ、右投げ右打ち
●島根・江の川高〈甲子園〉→横浜大洋（89年ドラフト1位）→中日（2002年〜15年）
★通算27年＝3021試合、2108安打、打率・240、229本塁打、1040打点
★ベストナイン1度、ゴールデングラブ賞6度、球宴12度
★主な記録＝通算3021試合出場は日本記録、捕手2963試合出場は世界記録

㉕「キャッチャーミットを動かす」ということ

キャッチャーの中には、ボールゾーンの際どい球をストライクゾーンに動かす選手もいます。「動かす」ということは、要するに本来はボール球だということだと思います。

一度、そのキャッチャーと、こんな会話をしました。

「いまのスライダーはミットを動かさなくてもストライクですよ」

「悪い悪い。体がそうなってしまっていてね」

「こちらは勘が狂ってしまうんですよね」

「でも、それを見るのが球審の仕事でしょ」

それをあるプロ野球記者に話しました。

その記者はキャッチングのコツを、たまたまその同じキャッチャーに聞いたことがあったというのです。開口一番、そのキャッチャーから返ってきた答えはこうだったそうです。

「捕った球をストライクゾーンの中に、中心に入れることかなあ」

記者が言うには、要するに**ミットを動かすのは「対球審」ではなく「対ピッチャー」**。ピッチャーに「いいボール来ているよ」と自信を持たせるため、安心させるため。さらに、球審の熟練した技術を信頼しているからこそ、ミットを動かしても球審が正しいジャッジをしてくれるはずだという考えからの発言だと言うのです。

世界の流れは「ミットを動かさない」。しかし、そのキャッチャーや野球記者の考えも一理ある。そんなことを考えさせられた一件でした。

㉖テレビのままの性格だった達川光男

それにしてもキャッチャーは難しいポジションだと思います。リード、キャッチング、スローイング。そしてバッティング。「名投手」は各時代にそれなりにいますが、こと「名捕手」というのは名前を挙げられるくらい。

セ・リーグでは巨人の森昌彦捕手、阪神の田淵幸一捕手、ヤクルトの大矢明彦捕手、広島の達川光男捕手、ヤクルトの古田敦也捕手、中日の中村武志捕手、阪神の矢野燿大捕手、中日の谷繁元信捕手、巨人の阿部慎之助捕手。

パ・リーグは野村克也捕手、近鉄の梨田昌孝捕手、西武の伊東勤捕手、オリックスの中嶋聡捕手、ソフトバンクの城島健司捕手、ロッテの里崎智也捕手、ソフトバンクの甲斐拓也捕手といったところでしょうか。

私のデビュー1年目の1992年は、達川光男捕手の現役最終年でした。ド素人だった私は、春のキャンプでベテランの達川捕手にご挨拶申し上げました。達川捕手は、試合中にコンタクトレンズがなくなって大騒ぎするシーンがテレビの『好プレー・珍プレー』で流されるなど有名人でした。

「実家が寺の坊さんか。頑張れよ。オレは審判に恥をかかす真似はせんけん、任せておけ」

いざ紅白戦。私のプロ「デビュー戦」。初球ド真ん中。私、ド緊張していた。

「ボール！」

「ド真ん中がボールかい。おおい、審判の先輩がた、この坊さんは審判じゃ飯食えんぞ！」

（恥をかかせないって言ったじゃないですか……）

直立不動の私をよそに、ダグアウトの選手たちも、審判の先輩がたも腹を抱えて大笑い。プロの洗礼。テレビで観た通りのユーモアあふれる達川捕手でした。

【達川光男】
●1955年7月13日生まれ、広島県出身。右投げ右打ち、177センチ、74キロ。
●広島商高〈甲子園〉→東洋大→広島（78年ドラフト4位～92年）
★通算15年＝1334試合、895安打、打率・246、51本塁打、358打点
★ベストナイン3度、ゴールデングラブ賞3度、球宴7度
★主な記録＝最優秀バッテリー賞1度

㉗実は一塁送球が苦手だった（？）古田敦也

ヤクルトの古田敦也捕手の、盗塁阻止の二塁送球は〝絶品〟でした。「盗塁阻止率が4割なら強肩」といわれる中、1993年の古田捕手の盗塁阻止率は実に・644。どこがすごいかと言えば、送球時のコントロール。**一塁ランナーが二塁ベースに滑り込んだ足のところに、計ったようにピンポイントで到達します。**

さて、バッターが送りバントをして一塁に走る際、一塁線の内側を走って、キャッチャーからの一塁送球がバッターランナーに当たれば守備妨害で「バッターアウト」「ランナーは元の塁に戻る」ということになります。

似たようなケースで、2014年日本シリーズのソフトバンク対阪神の第5戦。一塁に走った西岡剛選手の背中に細川亨捕手の送球が当たり、アウトになったことがあります。

実はそうやってさりげなくキャッチャーを惑わせるバッターランナーが結構多いのです。しかし、キャッチャーにしても送球をバッターランナーに当ててしまえば、アウトになります。

「古田さん、いま狙ったでしょ（笑）」

「当たらんもんやなー。悪送球すれば意味ないし。現役辞めるまでに1回当てたいわ（笑）」

【古田敦也】

●1965年8月6日生まれ、兵庫県出身。182センチ、80キロ。右投げ右打ち

●兵庫・川西明峰高→立命大→トヨタ自動車→ヤクルト（90年ドラフト2位～2007年）

★通算18年＝2008試合、2097安打、打率・294、217本塁打、1009打点

★首位打者1度、最多安打1度

★MVP2度、ベストナイン9度、ゴールデングラブ賞10度、球宴17度

★主な記録＝1試合4本塁打

㉘レーザービームNO.1は中嶋聡

現在オリックス監督の中嶋聡捕手。地肩の強さで、このキャッチャー以上の人はいないでしょう。あれは「ヤバい」という表現がピッタリですね。

１９９５年のヤクルト－オリックスの日本シリーズ。送球低い弾道で、そのまま二塁に到達したのを見たときは度肝を抜かれました。

実働29年はプロ野球記録。２０１５年までコーチ兼任捕手でした。当時45歳か46歳。「肩、相変わらず衰えていませんね」と話した記憶があります。

先ほどの古田捕手はボールを捕ってから二塁送球までの動作が早く、なおかつ送球のコントロールが抜群でした。

中嶋捕手の場合は、地肩の強さ。現役選手では「甲斐キャノン」の異名をとるソフトバンクの甲斐捕手が強肩として有名ですが、中嶋捕手は次元が違いました。**「中嶋の前**

に中嶋なく、中嶋のあとに中嶋なし」というぐらいすごい肩。プロ野球取材歴30年のベテラン記者とも意見が一致しました。

【中嶋聡】

●1969年3月27日生まれ、秋田県出身。182センチ、80キロ。右投げ右打ち

●秋田・鷹巣農林高→阪急（87年ドラフト3位～97年）→西武（98年～02年）→横浜（03年）→日本ハム（04年～15年）

★通算29年＝1550試合、804安打、打率・232、55本塁打、349打点

★ベストナイン1度、ゴールデングラブ賞1度、球宴6度

★主な記録＝実働29年は史上最多タイ

㉙「おしゃべり戦術」の城島健司

その昔、南海ホークスの野村克也捕手がバッターにいろいろ話しかけて集中力を散漫にさせる「ささやき戦術」を駆使していたことはご存じの方も多いかと思います。

ソフトバンクや阪神に在籍した**城島健司捕手は、まあとにかく1回から9回までずっとしゃべっています。**「ちょっとジャッジに集中させてくれ」というぐらい（笑）。バッターにも常に話し掛けているし、球審とも話す。城島捕手の場合、バッターの集中力をそぐ目的と、単なる話し好きの両面があると思います。言うなれば「おしゃべり戦術」でしょうか。

しかも、球審を利用するんです。たとえば、右バッターのアウトコースのスライダー。「ボール」とあえて声を出さなくても、一目瞭然のクソボールです。

「佐々木さん、いっぱいいっぱい、ボールですか」

「はあ？」

バッターにはどうも「はい」って聞こえるらしいんです。完全なボール球と思ったのがギリギリのボール球だったら、バッターは戸惑いますよね。

城島捕手は他にもこんな作戦を使いました。

「佐々木さん、今日は逆球を使います。逆球のときは教えますから、ちゃんとストライクか見てくださいよ」

城島捕手が逆球のサインを出し、アウトコースに構えます。キャッチャーはファウルチップを受けないように右手は後ろ。その右手で私のズボンを触って来る。ピッチャーの投じたボールは逆球だからインコースに。

「ストライク！」

……本当に、異質なキャッチャーでした。

【城島健司】

●1976年6月8日生まれ、長崎県出身。182センチ、89キロ。右投げ右打ち
●大分・別府大付高→ダイエー（95年ドラフト1位〜05年）→マリナーズ（06年〜09年）→阪神（2010年〜12年）
★通算18年＝1785試合、1837安打、打率・289、292本塁打、1006打点
★MVP1度、ベストナイン6度、ゴールデングラブ賞8度、球宴9度
★主な記録＝1試合6安打（パ・タイ）

㉚里崎智也と書いて「仏（ほとけ）」と読む

テレビで観たことありませんか？　際どいコースの投球を球審に「ボール」とコールされたキャッチャーが、ピクッと反応するところ。あれは、ほぼ「ストライク」です。

しかし、里崎智也捕手は何も文句を言わずに、ピッチャーに返球します。試合が終わ

ると「今日は申し訳なかった。次は頑張るからね」と、心から言いたくなるキャッチャーなんです（言わないけれど）。

だから、審判仲間は「里崎と書いてほとけ（仏）と読む」と評していました。2006年WBCで、里崎捕手はベストナインに選出されています。

「あのジャパンのキャッチャーはワンダフルだ」


嘘か誠かわかりませんが、V9時代の巨人は「ツーナッシングに追い込んでからヒットを打たれたら罰金」だった。だから遊び球で1球外すリードになったと聞いたことがあります。そして、セ・リーグのキャッチャーは困ったら「アウトローのストレート」「アウトローの変化球」が定石です。

しかし、パ・リーグの特に里崎捕手は積極的に「インコースのストレート勝負」というイメージがあります。

野球記者の話では、**「里崎捕手はフォークでワンストライク、フォークでツーストライク、高めストレートのボール。最後はフォークと思いきや、ド真ん中ストレートで見**

逃し三振。バッターの裏をかくリードは秀逸」と言っていましたね。

それにしても、DH制でバッターが1人多いだけで、こんなに野球が変わるのかというのをマスク越しに実感しました。パ・リーグのほうが球場は広い。代打での投手交代がない。長打力のあるバッターを抑えるために、ピッチャーが力をつけて球速が上がる。2005年に始まったセ・パ交流戦17シーズンで、パ・リーグの15勝2敗というのもうなずけます。

【里崎智也】
●1976年5月20日生まれ、徳島県出身。175センチ、94キロ。右投げ右打ち
●徳島・鳴門工高→帝京大（99年ドラフト2位〜14年）
★通算16年＝1089試合、890安打、打率・256、108本塁打、458打点
★ベストナイン2度、ゴールデングラブ賞2度、球宴7度
★主な記録＝2006年WBCベストナイン捕手、08年北京五輪日本代表

㉛合理的な牽制球タッチをする落合博満

一塁塁審というのは、一塁にランナーがいないときは一塁手の後方5メートルほどのところ。一塁にランナーがいるときは牽制球タッチプレーを見られるように一塁ベースに近づいてプレーを見ます。

先ほどのピッチャーではないですが、一塁手のゴールデングラブ賞も巨人の選手が独占します。王貞治選手が１９７２年から9年連続受賞。そのあとも巨人の中畑清選手が82年から7年連続ゴールデングラブ賞。続いて駒田徳広選手が巨人で4度、横浜で6度の計10度。そのあとはヤクルトのペタジーニ選手、阪神のシーツ選手、巨人からＤｅＮＡに移籍したロペス選手と外国人選手が奮闘します。

一塁手は、内野手からのワンバウンド送球、投手からの牽制球と多くの守備機会があります。そんな中、ロペス選手は２０１７年から19年にかけてシーズン１６３２守備機会連続無失策という記録をつくっています。

印象深いのは中日と巨人でプレーした落合博満選手です。落合選手の一塁牽制時の捕球というのは独特でした。普通、ピッチャーから来たボールを捕って、一塁ランナーにタッチにいきますよね。**ところが落合選手の場合、ファーストミットをベースの上に置いてそこに投げさせます。そこに来ないボールはアウトにならないからタッチをしません。**合理的ですよね。

それに近いのが駒田徳広選手でした。落合選手が巨人にFA移籍した94年、駒田選手は横浜にFA移籍しました。駒田選手が使っていたのは、形状はファーストミットなんですが、網の部分だけが外野用で十字のものでした。当時は珍しかったですね。

【落合博満】
●1953年12月9日生まれ、秋田県出身。178センチ、82キロ。右投げ右打ち
●秋田工高→東洋大中退→東芝府中→ロッテ（79年ドラフト3位〜86年）→中日（87年〜93年）

↓巨人（94年〜96年）↓日本ハム（97年〜98年）
★通算20年＝2236試合、2371安打、打率・311、510本塁打、1564打点
★首位打者5度、本塁打王5度、打点王5度、最多安打1度
★MVP2度、ベストナイン10度、球宴15度
★主な記録＝三冠王3度、両リーグ200本塁打、1試合6四球
★中日監督（2004年〜11年）リーグ優勝4度、日本一1度

㉜守備範囲が2倍あった荒木雅博

二塁塁審は、ランナーの状況によって、二塁ベースを中心に場所を変えながら状況を見守ります。

中日の荒木雅博選手は2004年から09年まで6年連続でゴールデングラブ賞を受賞

しています。荒木選手は守っているとき、いつもハアハア言っていました。

横浜から移籍してきたウッズ選手が05年から08年まで中日「不動の一塁・四番」で活躍しました。荒木選手はセカンドを守りながら、ファーストも守っていたのです。たとえば、**一塁コーチャーズボックスにフライが上がれば、本来は誰が見てもウッズ選手が捕るべき打球ですが、荒木選手が追いかけていきました。**

「ハアハア。これ、2人分守っているから、来年、給料2倍もらいますわ」

その守備範囲の広さは数字でも証明されています。「最多守備機会」のパ・リーグ記録は2010年ソフトバンクの本多雄一二塁手の144試合834機会。対するセ・リーグ記録の荒木二塁手は、ウッズ選手が中日に加入した05年145試合913守備機会です。

思えば、山井大介―岩瀬仁紀の「日本シリーズ継投・完全試合」で最後のゴロをさばいたのが荒木選手でした。ある野球記者は「せっかく万全を期して岩瀬に交代したのに、最後、荒木が二塁ベース寄りのゴロを無造作に一塁にほおったので驚いた。それだけ荒

●この本をどこでお知りになりましたか?(複数回答可)

1.書店で実物を見て　2.知人にすすめられて
3.SNSで(Twitter:　Instagram:　その他　)
4.テレビで観た(番組名:　)
5.新聞広告(　新聞)　6.その他(　)

●購入された動機は何ですか?(複数回答可)

1.著者にひかれた　2.タイトルにひかれた
3.テーマに興味をもった　4.装丁・デザインにひかれた
5.その他(　)

●この本で特に良かったページはありますか?

[　]

●最近気になる人や話題はありますか?

[　]

●この本についてのご意見・ご感想をお書きください。

[　]

以上となります。ご協力ありがとうございました。

郵便はがき

150-8482

お手数ですが
切手を
お貼りください

東京都渋谷区恵比寿4-4-9
えびす大黑ビル
ワニブックス書籍編集部

お買い求めいただいた本のタイトル

本書をお買い上げいただきまして、誠にありがとうございます。
本アンケートにお答えいただけたら幸いです。
ご返信いただいた方の中から、
抽選で毎月5名様に図書カード(500円分)をプレゼントします。

ご住所　〒

TEL(　　-　　-　　)

(ふりがな)
お名前

年齢
歳

ご職業

性別
男・女・無回答

いただいたご感想を、新聞広告などに匿名で使用してもよろしいですか？　(はい・いいえ)

※ご記入いただいた「個人情報」は、許可なく他の目的で使用することはありません。
※いただいたご感想は、一部内容を改変させていただく可能性があります。

木が上手い」と言っていました。

それにしても1999年ドラフト7球団重複の福留孝介選手（近鉄拒否＝日本生命→中日→メジャー→阪神→中日）の「外れ1位」が荒木選手。2人とも通算2000安打を放ち、ゴールデングラブ賞の常連となった。結果的にどちらでも正解の名選手になりましたね。

【荒木雅博】

●1977年9月13日生まれ、熊本県出身。180センチ、77キロ。右投げ右打ち

●熊本工高〈甲子園〉→中日（96年ドラフト1位〜2018年）

★通算23年＝2220試合、2045安打、打率・268、34本塁打、468打点

★盗塁王1度

★ベストナイン3度、ゴールデングラブ賞6度、球宴5度

★主な記録＝シーズン623打数（セ最多）、47打席連続無安打（セ野手ワースト2位）

㉝独特なポジショニングの「忍者」菊池涼介

広島の菊池涼介選手は、先ほどの荒木選手を上回る２０１３年から９年連続ゴールデングラブ賞受賞。コロナ禍で試合数は減りましたが、２０２０年は１０３試合５０３守備機会無失策の「守備率10割」という信じられない記録を残しました。

打球を追う普通以上の脚力もあるし、打球がグラブに収まってから早く持ち替える技術、送球のコントロールと、すべてを兼ね備えています。

ただ、他の二塁手とは明らかに異なる特色は、ポジショニングです。バッターやピッチャーによって変えているし、カウントによっても変えています。そこが、どこからともなく現れる「忍者」の異名を取るゆえんではないでしょうか。

二塁塁審のとき、私は二塁手の真横から一歩後ろに位置します。セカンド、ショートのショートバウンドを判定しやすい位置なのです。他11球団二塁手のとき、私はほぼ同じ位置なんですが、菊池選手のときだけ、とんでもない位置に移動するのです。

「菊池選手、このあたりに打球が飛んでくるという前提なわけですよね」

「もちろんそれはありますけど、感覚っすよね」

セカンド、ショートというのは二塁審判と一番会話をするポジション。ある意味、一心同体です。たとえば、ワンアウト満塁。

「前進守備のバックホームなのか、ゲッツー体制なのか、中間守備で両方を狙うのか？」

それによって二塁塁審は、野手の邪魔にならないように立つ位置を変えなくてはいけません。もちろん、問いかけに返答しない選手もいます。

「投球の瞬間、僕が前進すれば〝そういう（バックホーム）こと〟です。作戦だから僕の口からは言えません」

「菊池選手、私は前に行ったほうがいい？　後ろに下がったほうがいい？」

「僕はいま後ろにいますが、ピッチャーが投げたら前にダッシュします。だから、後ろに下がっておいてもらえませんか」

菊池選手は、たまに芝の上（外野）を守っていることもあって、「バッターはわざとボテボテのゴロを打てばヒットになるのに」と思うこともありました。実際、見ていて逆を突かれていることも多々あります。**ただ、逆を突かれても、大体ファインプレーで切り抜けています。**予想が当たっているときは、普通のイージーゴロのごとく打球をさばいています。「見えないファインプレー」というわけですね。

【菊池涼介】

●1990年3月11日生まれ、東京都出身。171センチ、68キロ。右投げ右打ち

●長野・武蔵工大二高→中京学院大→広島（2012年ドラフト2位～）

★通算10年＝1285試合、1356安打、打率・272、111本塁打、480打点

★最多安打1度

★ベストナイン2度、ゴールデングラブ賞9度、球宴7度

★主な記録＝二塁手シーズン最多補殺535、シーズン最多犠打7度

㉞野球の教科書に載せたい土橋勝征

かつて巨人の仁志敏久二塁手が、そういった極端なポジショニングを取っていました（1999年〜2002年ゴールデングラブ賞）。私が選んだ名セカンドは、荒木雅博選手・菊池涼介選手・仁志敏久選手・土橋勝征選手です。

土橋選手はゴールデングラブ賞も受賞していないし、華麗でもない。どちらかといえば泥くさい。しかし実に堅実で、**子どもたちに話す「セカンドの教科書」は土橋二塁手と、私は決めているんです。**打球を体で止めて前に落とせば、一塁に間に合う。

番外編として外国人選手まで幅を広げると、ルイス・クルーズ選手が上手かったです。

ロッテ、巨人、楽天と移籍していますが、2015年にロッテの二塁手でゴールデングラブ賞を受賞し、133試合128安打、打率・255、16本塁打、73打点の成績を残しています。

2006年、13年、17年WBCメキシコ代表。ドジャースやヤンキースにも在籍した本物のメジャー。身長は183センチあって機敏ではなかったが、球際に強く、肩も強い。私が二塁塁審をしていると、いろいろ教えてくれました。

「ディスマネージャー（監督）イズ　ノーセンス」
「ホワイ、ノーセンス？」
「オクリバント。マダ1回ネ」

【土橋勝征】
●1968年12月5日生まれ、千葉県出身。179センチ、83キロ。右投げ右打ち
●千葉・印旛高→ヤクルト（87年ドラフト2位～2006年）
★通算20年＝1464試合、1121安打、打率・266、79本塁打、427打点

★球宴1度

【ルイス・クルーズ】
●1984年2月10日生まれ、メキシコ出身。183センチ、95キロ。右投げ右打ち
●テクニカヌメロ高→メジャー（08年～13年）→ロッテ（14年～15年）→巨人（16年）→楽天（17年）
★通算10年＝557試合465安打、打率・241、50本塁打、233打点
★ゴールデングラブ賞1度、球宴1度
★主な記録＝WBC2006年・13年・17年メキシコ代表

㉟機敏で柔らかなグラブさばきの中村紀洋

私が選ぶ審判29年間ナンバーワンサードは中村紀洋選手です。なんと表現すればよいのか、体格がいい割に機敏でグラブさばきが柔らかい。**逆シングルでショートバウンドを捕ってセカンド送球、ダブルプレー。最高でした。**近鉄で5度、中日で2度、両リーグでゴールデングラブ賞を受賞しています。

村田修一選手も巨人時代に3度、西武の中村剛也選手もゴールデングラブ賞こそ受賞していませんが、上手い。日本のサードやレフトというと打撃優先で、守備にはある程度目をつぶってという選手が少なくないです。

しかし、3人ともレギュラーでクリーンアップを長い期間任され、豪快なスイングばかりに目がいきがちですが、守備でも球際に強いです。コントロールも安定していて、送球エラーが少なかった。
パ・リーグのサードというと、松田宣浩選手がゴールデングラブ賞を8度受賞していますが、私は前出3選手の守備に目を奪われました。印象とのギャップかもしれません。

【中村紀洋】
●1973年7月24日生まれ、大阪府出身。180センチ、93キロ。右投げ右打ち
●大阪・渋谷高〈甲子園〉→近鉄（92年ドラフト4位〜04年）→ドジャース（05年）→オリックス（06年）→中日（07年〜08年）→楽天（09年〜10年）→横浜（11年〜14年）
★通算23年＝2284試合2106安打、打率・266、404本塁打、1351打点（日米通算）
★本塁打王1度、打点王2度
★ベストナイン5度、ゴールデングラブ賞7度、球宴9度
★主な記録＝サイクル安打

36「広岡タイプ」の井端弘和

中日の荒木雅博選手―井端弘和選手の二遊間コンビは「アライバ」と呼ばれて一世を風靡(ふうび)しました。

しかし、一塁塁審の立場からすると、井端選手の送球は、めちゃめちゃ緊張しました。意外とノンビリ一塁に投げてきて、一塁はクロスプレーになることが多かったのです。

落合博満監督の一時期、アライバの二遊間のポジションを引っ繰り返したことがありました。聞いた話によると、井端選手は亜大時代ずっとセカンドを守っていて、ショートを守ったのはプロ入り後らしいんですね。私はその入れ替えをなるほどと思いました。

もう大昔になりますが、プロ野球界には名声を二分するショートがいたそうです。阪神の吉田義男選手は「捕るが早いか、投げるが早いか」と言われたくらい、打球を捕ってすぐ投げた。

一方、巨人の広岡達朗選手は、「焦って投げて悪送球になるよりも、バッターランナーが一塁に到達するまでに確実にアウトにすればいい」と考えるタイプだったそうです。井端選手は後者だったわけですね。

【井端弘和】

●1975年5月12日生まれ、神奈川県出身。173センチ、73キロ。右投げ右打ち
●東京・堀越高〈甲子園〉→亜大→中日（98年ドラフト5位〜13年）→巨人（14年〜15年）
★通算18年＝1896試合、1912安打、打率・281、56本塁打、510打点
★ベストナイン5度、ゴールデングラブ賞7度、球宴8度
★主な記録＝サイクル安打

名手の宝庫ショート

ショートの名手はたくさんいます。

「三遊間の深いところで捕って強肩を生かして一塁に大遠投」というのは、西武の松井稼頭央選手、横浜の石井琢朗選手、ソフトバンクの今宮健太選手。3人とも高校時代はエースで、地肩が強いんですね。

さらに松井選手は前出の「吉田義男遊撃手タイプ」でしょうか。打球を捕ってから送球までが早い。石井選手と今宮選手も、地肩が強いから普通にほおっても送球のスピード自体が速い。

「オーソドックスなショート」は西武の源田壮亮選手、ヤクルトの宮本慎也選手。身のこなしかた、ゴロのさばきかた、送球のコントロールは、この中でもトップクラスです。

セカンドの菊池涼介選手と同じで、「ポジショニングを考える」のが、巨人の坂本勇人選手です。

名前を挙げた選手は「名ショート」なので、そこにゴロが飛べばアウトという先入観で油断してしまうと、とんでもないことになります。

ヤクルト・巨人・DeNAで活躍したラミレス選手。足は遅いが、ショートゴロでも諦めない。一塁まで全力疾走する。ちょっとファンブルしようものなら……、「アウト！」（いけねえセーフだ……）

だいたい「審判反省会」が開催されるのは、名ショートクラスに打球が飛んだときですね。

【松井稼頭央】

●1975年10月23日生まれ、大阪府出身。177センチ、85キロ。右投げ両打ち

●大阪・PL学園高〈甲子園〉→西武（94年ドラフト3位〜03年）→メジャー（04年〜10年）

→楽天（11年）→西武（18年）

★通算25年＝2543試合2705安打、打率・285、233本塁打、1048打点

★最多安打2度、盗塁王3度

★MVP1度、ベストナイン7度、ゴールデングラブ賞4度、球宴9度

★主な記録＝トリプルスリー、サイクルヒット。2年連続開幕戦本塁打（米）

【源田壮亮】

●1993年2月16日生まれ、大分県出身。179センチ、75キロ。右投げ左打ち

●大分商高→愛知学院大→トヨタ自動車→西武（2017年ドラフト3位〜）

★通算5年＝660試合717安打、打率・273、12本塁打、205打点

★盗塁王1度

★新人王、ベストナイン3度、ゴールデングラブ賞4度、球宴4度

★主な記録＝新人フルイニング出場は史上4人目

㊳知る人ぞ知る羽生田忠克の強肩

私が見てきた外野手で強肩ナンバーワンは、西武にいた羽生田忠克選手です。土浦日大高からドラフト外でプロ入りして、1983年から97年までプレーしました。私がまだプロの審判になる前の87年、テレビのスポーツニュースで観た映像を昨日のことのように覚えています。

9回ツーアウト一塁。ライトの羽生田選手がフライを落球、拾ったボールをバックホームで伊東勤捕手に投げたんです。ランナー・及川美喜男選手は完全にタッチアウトのタイミングだったのが、伊東捕手が落球して同点。**羽生田選手の単なるエラーになってしまいましたが、落球せずにアウトだったら、羽生田選手はヒーローだったと思います。**

私の審判プロ1年目の1992年、ライト羽生田選手からの地を這うようなバックホームをこの目で見ました。やはりもう野球漫画の世界ですよ。こんなことがあるのか。これがプロなのか。テレビで観た映像の再現。まさにデジャヴ。

驚愕（きょうがく）している球審の私に、声をかけたキャッチャーの言葉はいまだに忘れません。

「これがプロなんだわ。日本で一番だからね。お前、いいもん見たねぇ」

ちょっと茨城弁。キャッチャーは伊東捕手……ではなく、ファームの試合のデーブ大久保さん（大久保博元捕手）でした。

当時は西武の黄金時代で、羽生田選手はバッティングが弱かったものだから、一軍でそんなに出番はありませんでしたが、私の審判人生でナンバーワンの強肩外野手なのは、間違いありません。


ほかに強肩というと、中日のアレックス・オチョア選手。2003年、開幕カード、東京ドームでの巨人戦で再三の好返球を披露しました。犠牲フライだと思われたが、キャッチャーへのダイレクトのバックホームで巨人ファンの大歓声を文字通りシャットアウトしました。

【羽生田忠克】

●1964年5月1日生まれ、茨城県出身。178センチ、73キロ。右投げ両打ち

●茨城・土浦日大高→西武（83年ドラフト外～97年）

★通算15年＝341試合、115安打、打率・258、1本塁打、31打点

★主な記録＝特になし

【アレックス・オチョア】

●1972年3月29日生まれ、アメリカ出身。183センチ、91キロ。右投げ右打ち

●マイアミレイクス高→メジャー（95年～02年）→中日（03年～06年）→広島（07年～08年）

★通算6年＝765試合、847安打、打率・289、97本塁打、416打点

★ゴールデングラブ賞1度、球宴1度

★主な記録＝サイクル安打2度（日、米）

㊴トリックプレーを流行らせた？　福留孝介

打球を捕ってからが早く、強肩、送球のコントロールが安定。三拍子そろったのはヤクルトの飯田哲也選手、巨人の高橋由伸選手。中日の福留孝介選手の３人です。

飯田哲也選手は、キャッチャー出身だけあってテークバックが小さい。

高橋由伸選手は、ダイビングキャッチは本人の身体的に危険だが、倒れ込んでもボールをすぐ内野に戻していました。

福留孝介は最近流行りだしたトリックプレーをいち早く導入していました。たとえば、福留選手がライトを守っていて、その頭上を越える打球をあたかもキャッチするような姿勢で待っている。実際の打球はフェンス直撃だから、福留選手がクッションボールを処理している間、三塁ランナーの生還は仕方ないにしても、本来は生還できていただろう二塁ランナーを三塁に止められる。

日本ではあまりそういうプレーをする選手はいなかったから、福留選手がメジャーから輸入して流行らせた先駆けではないか、と。いずれにせよ、総合的に上手い外野手です。代打専門になったとはいえ、45歳でプレーしているのがすごい。

近大時代の投手の実績を買われてドラフトされただけあって、日本ハム時代の糸井嘉男選手の肩も強かったです（のちにオリックス、阪神に移籍）。日米野球でイチロー選手の「えげつない送球」は生で見ましたが、糸井選手の肩の強さは優るとも劣らないと思っています。

【福留孝介】
●1977年4月26日生まれ、鹿児島県出身。182センチ、90キロ。右投げ左打ち
●大阪・PL学園高〈甲子園〉→日本生命→中日（99年ドラフト1位）→メジャー（08年〜12年）→阪神（13年）→中日（21年〜）
★通算23年＝2596試合、2449安打、打率・281、327本塁打、1270打点（日

米通算）
★首位打者2度
★MVP1度、ベストナイン4度、ゴールデングラブ賞5度、球宴5度（日4、米1）
★主な記録＝サイクル安打2度（日2）

㊵外野のポジショニングといえば新庄剛志

新庄剛志選手はゴールデングラブ賞を阪神で7度、2001年から03年までメジャーでプレーしたあと、日本ハムで3度受賞しています。

新庄選手は阪神時代からとんでもない場所を守っていました。

「審判さん、邪魔です」って、よく甲子園で言われました。私とバッターがかぶっちゃうんですね。

新庄選手はセンターのポジションからキャッチャーのサインとバッターが見える。ピッチャーの勝負球も頭に入れているので、それに応じて、最初からポジショニングを考えていました。頭がいい選手だなと感じました。

新庄選手は90年阪神のドラフト5位、元木大介選手は90年ダイエーのドラフト1位（拒否して91年巨人入団）。ポジションは外野と内野で違っても、「クセ者」のイメージで両者が重複します。

新庄選手はとにかく観客を魅了することを常に考えていました。２０２１年11月の日本ハム監督就任会見は、それを彷彿させます。本人が言っていました。

「ただ捕るだけじゃ面白くないでしょ。やっぱプロなんだからショー的要素がないと」

だから、イージーフライをジャンプして捕ってファインプレーに見せる。

さらにランナーをホームでアウトにするバックホームが「外野守備の醍醐味（だいごみ）」と考えていたようです。だから打球へのチャージをわざと遅くして、二塁ランナーに三塁を回らせ、本塁で刺す。

２００５年のゴールデングラブの表彰式では「イメージで選んでほしくない。今年の自分が選ばれるのはおかしい」と本音を吐露しました。守備に関しては相当の自信とプライドがあったからこその発言なんでしょうね。

２００６年日本シリーズの日本ハム―中日戦では、レフト・森本稀哲（ひちょり）選手からセンター・新庄選手、ライト・稲葉篤紀選手のボール回し。強肩、好コントロール。同一チーム３人ともゴールデングラブ賞。見ごたえがありました。

【新庄剛志】

●１９７２年１月28日生まれ、福岡県出身。１８１センチ、76キロ。右投げ右打ち

●西日本短大付高→阪神（90年ドラフト５位〜00年）→メジャー（２００１年〜03年）→日本ハム（04年〜06年）

★通算17年＝１７１４試合、１５２４安打、打率・２５２、２２５本塁打、８１６打点（日米通算）

★ベストナイン３度、ゴールデングラブ賞10度、球宴７度

★主な記録＝２００２年メジャー外野手レンジファクター（アウト寄与率）１位

㊶「フライ捕球」の天才・飯田哲也

プロ野球の歴史において、捕球の上手さで「塀際の魔術師」のニックネームを冠せられたのは、１９４８年巨人の平山菊二選手から始まって、70年巨人の高田繁選手、81年阪急の山森雅文選手、99年ダイエーの秋山幸二選手、２０１０年広島の赤松真人選手、天谷宗一郎選手らがいます。

その中でもヤクルトの飯田哲也選手が圧倒的でしょう。しょっちゅう広島市民球場や神宮球場のフェンスをよじ登っていました。神宮のフェンス、意外と高くて登れません。

右中間を完全に破ったと思った打球を、一直線にライナーに向かって追いかけて追いつく。**普通なら諦めて、「フェンスに当たったクッションボールをうまく処理して三塁**

打にはしない」という選択肢をするところを、「捕りに行って、しかも捕るのか」と驚きました。

そんなシーンに目を丸くしていると、古田敦也捕手がよく言っていました。「哲也は、猿の進化が遅れただけだから（笑）」。そう言われるほど身体能力が高かったのです。

1993年日本シリーズ、ヤクルト―西武第4戦のあのスーパー・バックホームは日本のプロ野球史に残ります。

8回表ツーアウト一・二塁。センター・飯田選手は、鈴木健選手の打球を捕るやバックホーム。古田捕手にダイレクトのストライク送球で二塁ランナー・笘篠誠治選手を刺しました。その距離約60メートル。西武に傾きかけていた流れを引き戻し、日本一に王手をかけたのです。

前年まで日本シリーズ8勝1敗の王者・西武の牙城を崩して日本一（1敗は85年阪神日本一のとき）。93年ヤクルト日本一は、選手・コーチ・監督と続いた森祇晶の日本シリーズ連勝も20でストップさせました。

故・野村克也監督が言っていたそうです。

「オレの全盛時代は南海の三冠王より、ヤクルト監督時代だ。そして9年間のクライマックスは、飯田のバックホームだ」

【飯田哲也】

●1968年5月18日生まれ、東京都出身。173センチ、83キロ。右投げ右打ち

●拓大紅陵高〈甲子園〉→ヤクルト（87年ドラフト4位～04年）→楽天（05年～06年）

★通算20年＝1505試合、1248安打、打率・273、48本塁打、363打点

★盗塁王1度

★ベストナイン1度、ゴールデングラブ賞7度、球宴2度

★主な記録＝外野手レンジファクター（アウト寄与率）1位3度

本書著者・佐々木昌信が選ぶゴールデングラブ賞

ポジション	選手名	所属
投手	桑田真澄	巨人、米
捕手	谷繁元信	横浜、中日
一塁手	駒田徳広	巨人、横浜
二塁手	菊池涼介	広島
三塁手	中村紀洋	近鉄、米　他
遊撃手	松井稼頭央	西武、米　他
外野手	飯田哲也	ヤクルト、楽天
	新庄剛志	阪神、米、日本ハム
	福留孝介	中日、米、阪神

第3章　打者・走者を見る

㊷硬式ボールを破壊したアンドリュー・ジョーンズ

メジャー通算2196試合1933安打434本塁打の「ザ・メジャー」。2013年に楽天創設初優勝に貢献したアンドリュー・ジョーンズ選手。

私が球審をやっていた試合、ジョーンズ選手がバックネット裏に当たるファウルチップを打ったんです。そのときブルブルという妙な音がしたと思ったんですが、ジョーンズ選手がアウトでチェンジになったとき、ボールボーイが拾ったボールを私に持ってきました。**硬式ボールの赤い糸の縫い目が切れて、ペロンとめくれて中身が見えたんです。つまり、バットで硬式ボールを破壊したということです。**

星野仙一監督も驚いていました。

「オレも45年ほどプロ野球でメシを食ってきたが、ボールを壊したバッターは初めて見た」

言い方はよくないですが、地方の公立高校野球部の、赤い糸の縫い目がほつれそうな使い古しの硬式ボールを使っているわけではありません。おろしたての新品です。

当時、ジョーンズ選手はもう36歳、プロ野球選手としての晩年を迎え太ってしまっていましたが、スイングスピードやパワーはさすがでした。まるで野球漫画のような出来事でした。

【アンドリュー・ジョーンズ】

●１９７７年４月23日生まれ、オランダ出身。１８５センチ、１０２キロ。右投げ右打ち

●セントポールズ高→メジャー（96年～12年）→楽天（２０１３年～14年）

★通算19年＝２４７７試合、２１４８安打、打率・２５２、４８４本塁打、１４５４打点

★本塁打王１度（米）、打点王１度（米）

★ベストナイン１度（米）、ゴールドグラブ賞10度（米）、球宴６度（日１）

㊸ミート時に「焦げた匂い」がした松井秀喜、広澤克実

外国人ホームランバッターは、ボールにバットをミートさせたとき「焦げた匂い」がしました。タフィー・ローズ選手、西武のアレックス・カブレラ選手、ソフトバンクのデスパイネ選手やバレンティン選手などです。

一方、日本人選手では巨人の松井秀喜選手、ヤクルト・巨人・阪神に在籍した広澤克実選手ぐらいしかいませんでした。

私は最初、原因はバットの材質だと思っていました。外国人選手はアオダモのバットを使っていませんでしたが、日本人選手は当時、アオダモのバットを使っていましたから。**でも、松井選手と広澤選手だけはアオダモでも焦げた匂いがしたのです。**

日米のバッターの違いは、スイングスピードやパワーだけなのかよくわかりませんが、要はバットとボールが当たる瞬間の摩擦力なんでしょう。

日米のバッティングの違いを、「日本は線で打つ」「メジャーは点で打つ」と多くの日本人打撃コーチは表現します。メジャーリーガーは、インパクトの瞬間だけに全精力を注ぐということです。

平塚克洋さんが阪神の打撃コーチのときに言っていました。

「バッティングはタイミングだ。そのタイミングの取り方は、足で取る、手で取る、体全体で取るの三つ。またはその組み合わせ」

先述のアンドリュー・ジョーンズ選手の通訳の話によると「ジョーンズ選手は、日本人打者がタイミングを取るとき片足を上げるのが、すごく不思議だった」そうです。

タイミングの取り方で、足を上げるのが日本式で、足を上げないのがメジャー式。だから大谷翔平選手がメジャーに渡ってから、足を上げない打ち方にして成功しているなと感じました。技術的な詳しい理由はわかりませんが、それのほうがメジャーで対応しやすいのでしょう。

そういえば、かねて巨人の高橋由伸選手に聞いたことがあります。

「どうしてあんなに足を上げて打つんですか」

「足を上げないと、打球に力が伝わらないんです」

そう考えるとメジャーリーガーと比較して、日本人打者は残念ながらやはりパワー不足なのかもしれません。


【松井秀喜】
●1974年6月12日生まれ、石川県出身。188センチ、95キロ。右投げ左打ち
●石川・星稜高〈甲子園〉→巨人（93年ドラフト1位〜02年）→ヤンキース（03年〜09年）→エンゼルス（10年）→アスレチックス（11年）→レイズ（12年）
★通算20年＝2504試合、2643安打、打率・293、507本塁打、1649打点（日米通算）
★首位打者1度、本塁打王3度、打点王3度
★MVP3度、ベストナイン8度、ゴールデングラブ賞3度、球宴11度（日9、米2）
★主な記録＝ワールドシリーズMVP、日米1768試合連続出場（史上5位）

【広澤克実】

●1962年4月10日生まれ、茨城県出身。185センチ、99キロ。右投げ右打ち
●栃木・小山高↓明大↓ヤクルト（85年ドラフト1位〜94年）↓巨人（95年〜99年）↓阪神（2000年〜03年）
★通算19年＝1893試合1736安打、打率・275、306本塁打、985打点
★打点王2度
★ベストナイン4度、球宴8度
★主な記録＝1180試合連続出場、サイクル安打

㊹日本人離れしたスイングのイチローと落合博満

日米野球の球審を務めて、日米のバッターのスイングの違いを認識しました。球を見逃すタイミングでバットが出てくるのがメジャーリーガーで、バットを振るか振らないかわかりません。一方、日本人は「1、2、3」とタイミングを取るので、バットを振るか振らないかがわかりやすいのです。

こうした中で、日本人離れしたスイングをしていたのは、当時オリックスのイチロー選手と、中日・巨人に在籍した落合博満選手でした。

イチロー選手は、アウトコースのボール球を見逃すと思った瞬間、バットが出てきてレフト線二塁打。メジャーリーガーみたいなスイングの選手がいるんだなと思いました。実際にメジャーで大成功を遂げたことは言うまでもないでしょう。

落合博満選手は左投手のインコースに入ってくる変化球を、見逃すタイミングからライト方向へのホームランにしたバッティングが思い出深いです。落合選手は現役引退後、**「オレが本当に苦手なのはアウトコースだが、インコースを右方向に上手く打つものだから、アウトコースの右打ちはもっと上手いだろうと、みんな投げてこなかった。シメシメと思った」**と述懐していたそうです。

スイングスピードに関しては、落合選手はそんなに速いとは感じませんでしたが、打球は伸びてスタンドインしましたね。それだけ卓越した打撃技術なのでしょう。

【イチロー】

●1973年10月22日生まれ、愛知県出身。180センチ、79キロ。右投げ左打ち

●愛知・愛工大名電高〈甲子園〉→オリックス（92年ドラフト4位～00年）→マリナーズ（01年～12年）→ヤンキース（12年途中～14年）→マーリンズ（15年～17年）→マリナーズ（18年～19年）

★通算28年3604試合4367安打、打率・322、235本塁打1309打点（日米通算）
★首位打者9度（日7、米2）、打点王1度（日）、最多安打12度（日5、米7）、盗塁王2度（日1、米1）
★MVP4度（日3、米1）、ベストナイン10度（日7、米3）、ゴールデングラブ賞17度（日7、米10）、球宴17度（日7、米10）、新人王（米）
★主な記録＝日米通算4367安打（日1278、米3089）、3年連続MVP、首位打者7度（日）、シーズン安打262（米）、10年連続200安打（米）

㊺「アーチスト」落合博満、「弾丸ライナー」和田一浩

「長打力」というテーマで強打者を振り返ったとき、昔の阪神の田淵幸一選手のように打球が大きな弧を描く、文字通り「アーチスト」と呼ばれるようなバッターは落合博満

選手が真っ先に思い浮かびます。もっとも落合選手はライト方向に流し打ってのホームランが異彩を放っていました。それ以外の「アーチスト」は西武の中村剛也選手、ソフトバンクの柳田悠岐選手。

柳田選手は「弾丸ライナー」の打球も打ちます。同様に両方に属するのは広島の鈴木誠也選手。飛距離のある打球を放ってホームラン王も狙えるし、ベースヒットを打って打率も残せる。選球眼にもすぐれてフォアボールも選べる。2021年現在、日本球界ナンバーワンのバッターだと思います。

弾丸ライナーでぶち込んだのは中日の和田一浩選手。2009年に阪神の藤川球児投手から甲子園バックスクリーンに打ったホームランには、もう度肝を抜かれました。上からボールを叩きつぶして、ライナーを打つというイメージでした。打たれた藤川投手のあっけに取られた表情、センターで背中を見せたまま打球を見送った赤星憲広選手の姿が忘れられません。**和田選手の場合、あれだけフルスイングしても、なぜ頭がブレないのか不思議でした。**

ほかには、大谷翔平選手です。札幌ドームの左中間にボールの形をした気球が浮いています。そこにライナー性の打球で運べるのは外国人打者以外、大谷選手だけでした。大谷選手はメジャーに渡った当初は同じような左中間への打球が伸びてホームランになっていましたが、46本を放った2021年はライトに思い切り引っ張って、もっとすごいスピードの弾丸ライナーになっていました。

巨人の岡本和真選手は2020年・21年に2年連続ホームラン王・打点王の二冠王。ヤクルトの村上宗隆選手は2021年に同数で初のホームラン王の栄冠を手にしました。2人ともタイトルホルダーとなってひとかわむけたと思うのですが、鈴木選手と比較した場合、まだ甘い球を見逃している気がします。いいバッターというのは、狙っていなかった甘い球を仕留めることができます。

逆に言うと、「ここでハンガーカーブのような甘い球を投げさせるとホームランされて負けちゃうぞ」というところで案の定、痛打を浴びて負けてしまうキャッチャーのリードには僭越ながら正直疑問符がつきますね。

【和田一浩】
●１９７２年６月19日生まれ、岐阜県出身。１８２センチ、90キロ。右投げ右打ち
●岐阜・県岐阜商高〈甲子園〉↓東北福祉大↓神戸製鋼↓西武（97年ドラフト４位～07年）↓
中日（２００８年～15年）
★通算19年＝１９６８試合２０５０安打、打率・３０３、３１９本塁打、１０８１打点
★首位打者１度、最多安打１度
★ＭＶＰ１度、ベストナイン６度、球宴６度
★主な記録＝両リーグ１０００安打（史上３人目）

【岡本和真】
●１９９６年６月30日生まれ、奈良県出身。１８５センチ、96キロ。右投げ右打ち
●奈良・智弁学園高〈甲子園〉↓巨人（15年ドラフト１位～）
★通算７年＝５８２試合５８６安打、打率・２７６、１３５本塁打、４１０打点

★本塁打王2度、打点王2度
★ベストナイン1度、球宴3度

【村上宗隆】
●2000年2月2日生まれ、熊本県出身。188センチ、97キロ。右投げ左打ち
●熊本・九州学院高〈甲子園〉↓ヤクルト（18年ドラフト1位〜）
★通算4年＝412試合、388安打、打率・268、104本塁打、296打点
★本塁打王1度
★新人王
★MVP1度、ベストナイン2度、球宴2度
★主な記録＝初打席本塁打、史上最年少の通算100本塁打と100打点（21歳7カ月）、シーズン184三振（セ記録）

㊻インコース打ちが抜群だった坂本勇人、真中満

インコース打ちについて、最近では巨人の坂本勇人選手が抜群に上手いです。プロ2年目の2008年、背番号61、オープン戦でひょろひょろっとした細いバッターを初めて打席に迎えました。

当時、西武の左の帆足和幸投手のインコースのストレート、普通なら差し込まれるところ、右腕をうまくたたんで、ホームランを打ったのです。次の打席は右ピッチャーのインコースのスライダーを三塁線に二塁打。炭谷銀仁朗捕手が私に話しかけてきました。

「普通打てないですよ、あそこは」

「すげえな、あの若いの」

「インコース打ちがうまいバッターは一軍に上がるのが早い」と先輩審判から聞いていました。案の定、そのまま一軍に定着しました。インコース打ちは、プロ野球でメシ

を食っていくための一つのキーポイントだと思います。

そういえば「最近の高校出の選手はプロで即戦力として通用しなくなった」とよく言われます。しかし、プロ野球の記者に聞きました。昔の中西太さん、豊田泰光さん（いずれも西鉄）、榎本喜八さん（東京）、張本勲さん（東映）はすごかった。しかし、それ以降で高校出1年目で新人王を獲得したのは西武の清原和博選手、中日の立浪和義選手しかいないそうです。

阪神の掛布雅之選手（ホームラン王）、巨人の松井秀喜選手（ホームラン王、打点王）、坂本勇人選手（最多安打）、岡本和真選手（ホームラン王・打点王）らが打撃タイトルを獲得したのは奇しくもみんなプロ6年目。

だから、たとえば日本ハムの清宮幸太郎選手、中日の根尾昂選手であるとか、ロッテの藤原恭大選手らが活躍しないと言っても、これはある意味、当然のこと。少し長い目で見てあげなくてはいけないのだと思います。

さて話を戻すと、**ヤクルトの真中満選手も現役時代、インコースのストレートでも変化球でも、駒のようにクルッと回転してさばきました。**よくライト線に落として二塁打が多かった印象が残っています。ヤクルト選手の中では突出してインコース打ちが上手かった。

逆に真ん中やアウトコースは、意外と打ち損じるなという場面をよく見ました。真中選手の現役引退後、人づてに聞きました。

「逆に内角しか打てなかったんです。だからインコースがくると初球から打った。ポップフライも多かったけど、ヒットもよく打ったでしょう（笑）」

よくヒットを打った真中選手、インコースが得意でアウトコースが苦手だという私の印象は間違いではありませんでした。

【坂本勇人】
●1988年12月14日生まれ、兵庫県出身。186センチ、85キロ。右投げ右打ち
●青森・光星学院高〈甲子園〉→巨人（2007年高校生ドラフト1巡〜）

★通算15年＝1902試合、2118安打、打率・291、261本塁打、911打点
★首位打者1度、最多安打1度
★MVP1度、ベストナイン7度、ゴールデングラブ賞5度、球宴12度
★主な記録＝歴代遊撃手最多試合出場

【真中満】
●1971年1月6日生まれ、栃木県出身。170センチ、85キロ。左投げ左打ち
●栃木・宇都宮学園高〈甲子園〉→日大→ヤクルト（93年ドラフト3位～2008年）
★通算16年＝1368試合、1122安打、打率・286、54本塁打、335打点
★球宴1度
★主な記録＝シーズン代打最多安打31

㊼スピードボールに差し込まれない宮本慎也

ヤクルトの宮本慎也選手は、試合前のバッティング練習時に打撃ケージで打っていると迫力を感じますが、他のプロ野球選手と比べると体は大きい部類ではなく、力感はありません。しかし、インコース150キロストレートを腹八分目で打って、きれいに三遊間を破るのです。スピードボールに差し込まれません。

2020年、21年と2年連続首位打者に輝いたオリックスの吉田正尚選手。プロ入りした早い時期からすべての球、すなわちスピードボール、変化球、インコース、アウトコース関係なく、フルスイングで対応できていました。テレビのスポーツニュースで見ていても、類まれな打球音と打球スピードを感じると思います。

打球スピードが速かったのは、横浜の筒香嘉智選手（現パイレーツ）。**筒香選手が左**

打席に入ると、私は一塁塁審で恐怖を感じました。一塁塁審、三塁塁審で怖いという場面はあまりないのですが、筒香選手のときは打球をよけられないのではないかと思い、2歩ぐらい下がってプレーに備えました。

かつて日本シリーズで打球が当たった塁審がいました。「なぜよけられないのだろう」と思うファンのかたもいらっしゃると思いますが、**打球がスライスやドライブの変化をすると、よけられないこともあるのです。**

【宮本慎也】
●1970年11月5日生まれ、大阪府出身。176センチ、82キロ。右投げ右打ち
●大阪・PL学園高〈甲子園〉→同大→プリンスホテル→ヤクルト（95年ドラフト2位～2013年）
★通算19年＝2162試合、2133安打、打率・282、62本塁打、578打点
★ベストナイン1度、ゴールデングラブ賞10度、球宴8度
★主な記録＝三塁手連続守備機会無失策257、シーズン最多犠打67

【筒香嘉智】
●1991年11月26日生まれ、和歌山県出身。185センチ、102キロ。右投げ左打ち
●神奈川・横浜高〈甲子園〉↓横浜（2010ドラフト1位）↓メジャー（20年〜）
★通算12年＝1100試合1058安打、打率・277、221本塁打、669打点（日米通算）
★本塁打王1度、打点王1度
★ベストナイン3度、球宴5度
★主な記録＝3試合連続マルチ本塁打（日＝史上初）

㊽フォークボール打ちが上手い柳田悠岐、岡本和真

フォークボールに体勢を崩されながら、片手一本でホームランにしてしまうソフトバ

ンクの柳田悠岐選手と巨人の岡本和真選手。ああいう芸当を見せられると、ピッチャーとしては投げる球がなくなりますね。

楽天の浅村栄斗選手はとにかく勝負が早い。積極的に初球からどんどん振っていくイメージがあるんですが、きっちりと対応したときの破壊力はすごいです。

右打者最高打率・378のヤクルトの内川聖一選手、シーズン最多216安打した西武の秋山翔吾選手（現レッズ）。

この2人も変化球打ち、ストレート打ち、ランナーがいる場面でのヒット狙い、いない場面での長打狙いを含めて「安定感がある」という表現がピッタリです。常にすべてが80点、90点以上です。

【柳田悠岐】

●1988年10月9日生まれ、広島県出身。188センチ、96キロ。右投げ左打ち

●広島・広島商高→広島経済大→ソフトバンク（11年ドラフト2位〜）
★通算11年＝1138試合1259安打、打率・319、214本塁打、691打点
★首位打者2度、最多安打1度
★MVP2度、ベストナイン5度、ゴールデングラブ賞6度、球宴5度
★主な記録＝トリプルスリー、サイクルヒット、OPS（出塁率＋長打率）4年連続リーグ1位（15年〜18年）

【内川聖一】
●1982年8月4日生まれ、大分県出身。184センチ、92キロ。右投げ右打ち
●大分・大分工高→横浜（01年ドラフト1位〜10年）→ソフトバンク（11年）→ヤクルト（21年〜）
★通算21年＝2015試合2182安打、打率・302、196本塁打、959打点
★首位打者2度、最多安打2度
★MVP1度、ベストナイン5度、ゴールデングラブ賞1度、球宴6度

㊾選球眼にすぐれる吉田正尚、近藤健介

日本ハムの近藤健介選手はフォアボールが多く、２０１９年・20年と最高出塁率のタイトルを獲得。オリックスの吉田正尚選手は２０２０年、72四球を選びながらリーグ最少の29三振で首位打者獲得。両選手の「選球眼の確かさ」は数字が証明しています。

この2人はここ1、2年、ホームラン数がすごく多いほうでもない。ワンバウンドになるフォークボール、胸元高めのストレート、外角のゆるい変化球。いわゆる「釣り球」には手を出さない。釣り球、すなわちボール球を見極めるからフォアボールが増えていきます。

巨人の岡本和真選手やヤクルトの村上隆宗選手には「ホームランを打たれるくらいな

ら、クサいところを突いて一塁に歩かせてもいい」という意味でのフォアボール。同じフォアボールでも、少し意味が違うのです。

一方で球審からすると、こういう見方があります。**球審が迷うようなアウトコースの際どい球を「ストライク」と判定したとき、「えっ、入っているんですか!?」という反応をしたバッターは「アウトコースの見極めができていて選球眼がいい」わけです。**

その意味では、いま中日に在籍する福留孝介選手は、見極めがしっかりできていました。特にアウトコースのスライダー。ソフトバンクの今宮健太選手も同様です。

最近の選手はものすごくマナーがいいので、球審に文句を言う選手は、ほぼいません。文句を言う典型的な人たちの共通点はインコースが弱い選手です。インコースの際どいところを攻められてストライクを取られるとお手上げだということでしょう。

審判団と選手会は、野球界発展のために会合を持ちます。ストライクゾーンを高めに少し広げたシーズンがあったのですが、ある選手代表はこう提案してくれました。

「ストライクゾーンを広げるにしても、高めは体が覚えています。バットを持っていて手が届くんですから、高めより特にアウトコースはもう少し広げていいですよ。それのほうが試合時間短縮にもつながるし、好影響ではないでしょうか」

日本のピッチャーのコントロールの技術は優秀なので、本来のストライクゾーンをAIで判定し始めると、もう完封、完封の連続だと推察されます。バッターは太刀打ちできない。野球というスポーツでなくなってしまうと思います。

【吉田正尚】

●1993年7月15日生まれ、福井県出身。173センチ、85キロ。右投げ左打ち

●福井・敦賀気比高〈甲子園〉↓青学大↓オリックス(16年ドラフト1位~)

★通算6年=643試合、746安打、打率・326、112本塁打、379打点

★首位打者2度

★ベストナイン3度、球宴3度

★主な記録=最高出塁率1度

【近藤健介】
●1993年8月9日生まれ、千葉県出身。171センチ、85キロ。右投げ左打ち
●神奈川・横浜高〈甲子園〉→日本ハム（12年ドラフト4位〜）
★通算10年＝915試合、918安打、打率・308、44本塁打、405打点
★ベストナイン3度、球宴2度
★主な記録＝最高出塁率2度

㊿一塁リードが目立って大きい鈴木尚広

私が一塁塁審をやってランナーがいるとき、まずピッチャーのボークのあるなしを見るのですが、一方で「圧倒的にリードが大きい」と感じたのは、巨人の鈴木尚広選手で

す。「いま牽制球がきたらアウトだろうな」と思うぐらいリードを取る。

アンツーカーから人工芝に1歩半出ます。俊足で有名なヤクルトの飯田哲也選手だろうが、山田哲人選手だろうが、阪神の近本光司選手だろうが、ぎりぎりか1歩出るぐらい。そのあたりが牽制球で戻れるデッドゾーンなんです。


鈴木選手のリードは、常に小刻みに動きながらバランスよく両足に体重をかけていま す。戻る前提なんでしょうけれど。私は一塁塁審をやっていて、鈴木選手がピンチランナーに出ると、ドキドキするわけです。

「牽制がきたら、絶対クロスプレーになる。頼むよ。そんなに出て大丈夫か」

通算228盗塁、47盗塁死。成功率・829は盗塁200個以上で最高でした(引退時)。


【鈴木尚広】
●1978年4月27日生まれ、福島県出身。180センチ、78キロ。右投げ両打ち
●福島・相馬高→巨人(97年ドラフト4位〜2016年)

★通算20年＝1130試合、355安打、打率・265、10本塁打、75打点
★ゴールデングラブ賞1度、球宴1度
★主な記録＝通算200盗塁以上で成功率は最高の・829

51 ストライド走法で中間疾走が速い荒木雅博

盗塁に関して、スタート、スピード、スライディングの俗に言う「3S」がすべて早かったのが、ヤクルトの飯田哲也選手（通算234盗塁）でした。

特にスタートが早いのは、ヤクルトの飯田選手、山田哲人選手（通算180盗塁）、阪神の赤星憲広選手（通算381盗塁）でした。

中日の荒木雅博選手（通算378盗塁＝史上11位）の盗塁も印象に残っています。と

いうのは、ランナーの足の回転は普通速いものです。マラソンで言うならピッチ走法。しかし、身長180センチの荒木選手の場合、ストライド走法です。だからスタートがゆっくりに見え、遅れる印象です。

二塁塁審のとき、キャッチャーが二塁送球した瞬間、ランナーがどのあたりにいるかを確認します。その時点で荒木選手はほぼアウトのタイミングなんですが、結局はセーフ。だから中間疾走、加速度という観点からするとナンバーワンだと思います。スライディング後もスピードが落ちませんでした。落ちるランナーも結構多いんですが、ストライド走法の選手は足が長いのか二塁ベースに届いてしまいます。西武の金子侑司選手（通算218盗塁）も同じタイプです。

盗塁だけではなく走塁に関して言えば、糸井嘉男選手（通算300盗塁）の三塁打ベースランニングは世界一だと思います。歩幅が広いから「二塁から三塁まで4歩だったな」と審判仲間で笑い話になるくらいでした。糸井選手は全盛時、オリンピックの陸上競技に出れば、100メートル決勝に残れたのではないかと思うくらい、身体能力が高かったですね。

【赤星憲広】
●1976年4月10日生まれ、愛知県出身。170センチ、66キロ。右投げ左打ち
●愛知・大府高〈甲子園〉→亜大→JR東日本→阪神（2001年ドラフト4位〜09年）
★通算9年＝1127試合、1276安打、打率・295、3本塁打、215打点
★盗塁王5度
★ベストナイン2度、ゴールデングラブ賞6度、球宴3度
★主な記録＝通算300盗塁以上で成功率は3位の・812

【糸井嘉男】
●1981年7月31日生まれ、京都府出身。188センチ、92キロ。右投げ左打ち
●京都・宮津高→近大→日本ハム（2004年ドラフト1位）→オリックス（13年）→阪神（17年〜）

★通算18年＝1665試合1718安打、打率・298、168本塁打、743打点
★首位打者1度、盗塁王1度
★ベストナイン5度、ゴールデングラブ賞7度、球宴10度
★主な記録＝史上最年長盗塁王35歳

第4章　監督を見る

(52) 三冠王監督2人に変化球の曲がり具合を聞かれた

ヤクルトの野村克也監督の話をします。

1998年に最多勝のタイトルを獲得した川崎憲次郎投手のウイニングショットはシュートでした。右バッターのストライクゾーンからボールになるシュートが生きるんですね。バットとボールが当たる瞬間に少し食い込む。すると打球は詰まってゴロの山を築く。それが全盛期の川崎投手の投球スタイル。しかし早めに曲がってしまうと、バッターは見送るのでボール。

川崎投手の調子が悪くてフォアボールを連発して、野村監督が途中で代えるときは私に確認しました。

「シュート、早く曲がってたか？　ベンチからだと高さはわかっても、コースはわからんのよ」

同じシュートでも早い段階で変化するより、バッター直前まで来て変化するほうが威力はある。「きょうは曲がりが早かったので、打者を打ち取れず、交代させる」監督自身の見立てと球審の目が同じだったかの確認です。

それは、中日の落合博満監督にも同じことを聞かれました。先に吉見一起投手のアウトコースのスライダーの話もしました。エース・川上憲伸投手の代名詞はカットボールです。右バッターのインコースに、どれだけきっちり投げられるかが、川上投手の投球スタイル。カットボールが早めに曲がり始めるとき、調子は芳しくないわけです。川崎投手と川上投手の2投手は「インコース」がキーワードでした。

【野村克也】
●1935年6月29日生まれ、京都府出身。175センチ、85キロ。右投げ右打ち
●京都・峰山高→南海（54年〜77年）→ロッテ（78年）→西武（79年〜80年）
★通算27年＝3017試合、2901安打、打率・277、657本塁打、1988打点

★首位打者1度、本塁打王9度、打点王7度、最多安打1度
★MVP5度、ベストナイン19度、ゴールデングラブ賞1度、球宴21度
★主な記録＝三冠王1度、通算最多犠飛113
・南海監督（1970年～77年）、ヤクルト監督（90年～98年）、阪神監督（99年～2001年）、楽天監督（06年～09年）＝リーグ優勝5度、日本一3度

【川崎憲次郎】

●1971年1月8日生まれ、大分県出身。182センチ、87キロ。右投げ右打ち
●大分・津久見高〈甲子園〉→ヤクルト（89年ドラフト1位～00年）→中日（01年～04年）
★通算16年＝237試合、88勝81敗2セーブ、防御率3・69
★最多勝1度、（最多完封1度）
★沢村賞1度、球宴4度
★主な記録＝日本シリーズMVP

(53)野村監督いわく「初球スライダーがボールなら3球目を狙え」

ホームラン王のタイトルを獲得したホージー選手の1年目ですから1997年のユマ・キャンプでした。審判は目慣らしでブルペンのキャッチャーの後ろに立ちます。野村監督はその私の後ろに立ちました。

野村監督が「初球のスライダーがボールなら、バッターは3球目を狙うんや」と話していました。

キャッチャー出身の野村さんが、ピッチャーに投げさせた初球スライダーがボールだった場合、2球目は別の球種を投げさせる。そして3球目、はまたスライダーを投げさせる。

だから、大打者でもあった野村監督なら、その3球目のスライダーに狙い球を絞る。

私はそう理解しましたが、果たしてその理解で正しかったのか、根拠も聞いていません。チャンスがあればお聞きしたかった。

「球審も球種を読むのか」。野村監督に尋ねられました。

名捕手・野村克也さんの巧みなリードは「5勝投手が変化球を1つ覚えると10勝、変化球を2つ覚えると15勝にランクアップさせる」と周囲から言われたそうです。

巨人の江川卓投手は「いま（当時）の15勝は昔の20勝」と言いましたが、ストレートとカーブだけで1981年に20勝をマークしました。

しかし、21世紀も20年を越えて、ほとんどの一軍投手は、ストライクを取れるかどうかは別にして球種を最低4つは持っています。ストレート、スライダー、フォーク、チェンジアップです。

「現在の野球の球種は3、4種類は当たり前。それを使い分けて投球を組み立てるんだが、球種が多いと、球審も見極めるのが大変だな。球審も球種を読むのか」（野村監督）

「まだひよっこなので、来たボールを自然体で素直に見たまま判定します」（私）

年輪を重ねるに従って、このピッチャーの球種は何と何がある。この球種を投げるときは技術的にこういうクセがある。それらが頭に入っていればジャッジが楽になる、ということはわかってきました。もっとも、先入観を持ってジャッジするのは厳禁です。

54 長嶋茂雄監督の「いわゆる一つのウワサ」は本当だった

巨人の長嶋茂雄監督とは野球の話はしませんでした。もっぱら雑談、いわゆる一つの日常会話。巨人の宮崎キャンプで朝お会いすると、

「昨日、何食べた？　地鶏はあの店がおいしいよ」

キャンプの休日には、審判のクルー4人で行く青島の駅前のうどん屋さんでもよくお会いました。

長嶋監督が選手交代のとき、「代打・川相（昌弘）」と言う代わりに、バントのジェス

チャーをしてしまったという有名なエピソードがあります。似たような話は私も経験しています。

吉岡雄二選手と、もう1人の選手がダグアウト前でスタンバイしていました。

「アンパイヤ、ピンチヒッターだ」

「長嶋監督、どっちですか」

「だから右の彼よ」

2人とも右バッター。背中にちゃんとネームは入っているのですが……。選手の名前を度忘れしてしまうという噂は本当だったようです。

【長嶋茂雄】

●1936年2月20日生まれ、千葉県出身。178センチ、76キロ。右投げ右打ち
●千葉・佐倉一高→立大→巨人（58年～74年）
★通算17年＝2186試合2471安打、打率・305、444本塁打、1522打点
★首位打者6度、本塁打王2度、打点王5度、最多安打10度

★ＭＶＰ5度、ベストナイン17度、ゴールデングラブ賞2度、球宴16度、新人王
★主な記録＝2年連続30敬遠（日本記録）、入団17年連続１００安打（セ記録）
最多安打10度（日本記録）
・巨人監督（１９７５年～80年、93年～２００１年）＝リーグ優勝5度、日本一２度

(55)ルールをしっかり確認する渡辺久信監督

西武黄金時代のエースだった渡辺久信監督。今風に言えばイケメンで、最多勝のタイトル3度の実力者ながら気さくな性格。２００８年に監督に就任するや、それまでの厳しいスタイルから変革して1年目から日本一の栄光に浴しました。

渡辺監督は、監督としてすごくしっかりした抗議をします。変に審判が言い訳したりすると激情型の一面も見せますが、「渡辺監督、ルールはこうです」としっかり説明を

すると「わかった」と理解、納得してベンチに戻っていく監督でした。

一例を挙げると、盗塁の場面で炭谷銀仁朗捕手の二塁送球のとき、右バッターに少し触れたのです。送球はとんでもない方向に飛んでいきました。

「審判、守備妨害じゃないですか」

わざわざバッターに近寄って投げる必要もないと判断して、私は「ボールインプレー」にしました。言葉のよしあしは別にして、野球以外のスポーツもそうだと思いますが、そのままプレーを続行させる「なりゆき」という状況です。

「送球時、バッターに触れたからとんでもない方向に転がっている。だから妨害ですよね」

「渡辺監督、触れても妨害を取るケースもありますし、取らないケースもあります。今回は取らないと判断しました」

「わかりました」

正直、審判のミスジャッジもあります。しかし、ミスジャッジを承知の上で、ファンや試合進行を考慮して引き下がってくれる人間味あふれた男気ある監督がいます。もちろん審判はそれに甘んじてはいけないのは百も承知しています。

私がプロの審判1年目のとき、横浜大洋の須藤豊監督に言われた言葉は肝に銘じてきました。

「新人審判か、頑張れよ。ただひとこと。人間は間違いがあるものだ。しかし、審判は絶対、間違っちゃいかん」

現在は「ビデオ判定」で確認しなくても、審判4人で協議して変えられます。「正しい判定に積極的に変えなさい」と言われています。その分、かつてと比較して、ジャッジのプレッシャーは軽減しているのではないかと思います。

【渡辺久信】

●1965年8月2日生まれ、群馬県出身。185センチ、95キロ。右投げ右打ち

●群馬・前橋工高〈甲子園〉→西武（84年ドラフト1位～97年）→ヤクルト（98年）

★通算15年＝389試合、125勝110敗27セーブ、防御率3・67
★最多勝3度、最高勝率1度、最多奪三振1度
★ベストナイン1度、ゴールデングラブ賞1度、球宴6度
★ノーヒットノーラン1度
★主な記録＝日本シリーズ6連勝
・西武監督（08年～13年）＝リーグ優勝1度、日本一1度

第5章　乱闘、退場の原因を見る

(56)退場は「シナリオ通り」のブラウン監督

ブラウン監督は広島時代に4年間で8度、楽天時代に1年間で4度、計12度退場処分を受けています。これは日本のプロ野球監督史上最多です。

ジャッジを不服としてホームベースを土で隠したり、ベースを投げたり……。激情型ではありましたが、多分にショー的な要素が感じられる監督でした。なぜかと言うと、**「早く退場させてくれ。退場だ。何やってんだ、いまだよ！」**

また、同じ外国人監督ではメッツをはじめメジャーの監督を歴任したバレンタイン監督はジェントルマン的な雰囲気を醸し出しているので、意外かもしれませんが、実は激情型でしたね。

ちなみに選手のほうでは、近鉄や巨人にいたタフィー・ローズ選手、主に西武で活躍したアレックス・カブレラ選手、ヤクルト・ソフトバンクのバレンティン選手が外国人選手における「クレーマー代表」でした。

【ブラウン】

●1963年1月23日生まれ、アメリカ出身。183センチ、96キロ。右投げ右打ち

●ジョージア大↓レッズ（88年〜89年）↓オリオールズ（90年）↓広島（92年〜94年）

★通算6年＝292試合、246安打、打率・251、50本塁打、171打点

★主な記録＝監督退場12度は史上最多

・広島監督（2006年〜09年）、楽天監督（10年）＝リーグ優勝なし

【バレンタイン】

●1950年5月13日生まれ、アメリカ出身。178センチ、86キロ。右投げ右打ち

●南カリフォルニア大↓メジャー（69年〜79年）

★通算11年＝639試合、441安打、打率・260、12本塁打、157打点

★主な記録＝レンジャーズ、レッドソックスなどメジャーで計16年監督（00年メッツ時代、ワイルドカードからリーグ優勝）

・ロッテ監督（1995年、2004年〜09年）＝リーグ優勝1度、日本一1度

(57)腕が長い分、内角低めが弱点

タフィー・ローズ選手は、退場にならないよう、審判が英語を理解できるかどうか確かめてからクレームを言っていました。私は英語のヒアリングが少しできたので、スペイン語で文句を言ってきました。

ローズ選手とアレックス・カブレラ選手とバレンティン選手に共通しているのは、全

員が球史に残るホームラン王だということです。ローズ選手は2001年に、カブレラ選手は02年に、王貞治選手に並ぶシーズン55本塁打を放っているし、それを破ったのが13年バレンティン選手の60本塁打です。さらに全員がMVPを獲得しています。

ローズ選手は日本歴代最多の14度退場。そんなにホームランを打って日本のストライクゾーンを把握している外国人選手たちが、なぜクレームを連発するのか。まず1つは、アメリカの審判に比べて、日本の審判はあまり退場させないこと。

もう1つは、インコース低めをストライクに取ったときです。特にバレンティン選手は横浜スタジアムで「1試合3本塁打」のとき、インコース高めの投球を、腕をうまくたたんでホームランしています。「シーズン60発目」のときもアウトコース低めをライトスタンドに持っていった。**しかし、外国人選手は腕が長いので、どうやらインコース低めは対処できない。そこをストライクに取られるとクレームの嵐となるわけです。**

【タフィー・ローズ】

●1968年8月21日生まれ、アメリカ出身。182センチ、100キロ。左投げ左打ち

●ウエスタンヒルズ高↓メジャー（90年〜95年）↓近鉄（96年〜03年）↓巨人（04年）↓オリックス（07年〜09年）
★通算20年＝1899試合1924安打、打率・280、477本塁打、1313打点（日米通算）
★本塁打王4度、打点王3度
★MVP1度、ベストナイン7度、球宴10度
★主な記録＝シーズン55本塁打、日本通算464本塁打

【カブレラ】
●1971年12月24日生まれ、ベネズエラ出身。188センチ98キロ。右投げ右打ち
●アンドレ・ベロ高↓メジャー（00年）↓西武（01年〜07年）↓オリックス（08年〜10年）↓ソフトバンク（11年〜12年）
★通算13年＝1270試合、1389安打、打率・303、357本塁打、963打点
★本塁打王1度、打点王1度

★ＭＶＰ１度、ベストナイン５度、ゴールデングラブ賞１度、球宴５度
★主な記録＝シーズン55本塁打、日本通算３５７本塁打

【バレンティン】
●１９８４年７月２日生まれ、オランダ出身。１８５センチ、１０１キロ。右投げ右打ち
●メジャー（07年～10年）→ヤクルト（11年～19年）→ソフトバンク（20年～21年）
★通算15年＝１２７４試合、１１１４安打、打率・２６１、３１６本塁打、８４６打点
★本塁打王３度、打点王１度
★ＭＶＰ１度、ベストナイン２度、球宴６度
★主な記録＝シーズン60本塁打、日本通算３０１本塁打

(58)私が退場させた落合博満監督の「男気」

私は審判生活29年で退場宣告が3度あります。

最初が2000年。阪神の左バッターのタラスコ選手が見逃し三振のとき文句を言ってきました。2度目が09年、中日の落合博満監督の「遅延行為」で、宣告しました。3度目は13年、日本ハムの左バッターのホフパワー選手が、これもストライクの判定に抗議をしたので退場宣告をしました。

落合監督に退場宣告をしたのは忘れもしない2009年10月11日、神宮球場です。ヤクルトのデントナ選手がレフトポールの真上に打球を飛ばしました。レフトポールの真上を打球が通過したと判断した私は、右腕をグルグルと回しました。デントナ選手はダイヤモンドをゆうゆうと1周してホームイン。

そしてリプレー映像がオーロラビジョンに流れました。撮影の角度的なものもあるんでしょうが、それを見る限りではファウルに見えたんです。そうしたら落合監督がダグアウトを出てきました。

「打ったバッターが上手かったから黙っていようと思ったが、あの映像を見せられたら、悪いけど、監督の立場として出てこないわけにはいかない。といって判定をくつがえすわけにもいかないだろ。あとでお前、見せたほうに文句言っておけよ。いいよ、オレ退場になるから。退場のルールって5分だったよな。5分測ってくれ。代理監督はシゲ（森繁和）だ」

落合監督は抗議というより、場を丸く収めるための男気を見せてくれたのです。私はファンに事の成り行きを説明するために場内放送をしました。

「ただいまのヤクルトのブランコ選手の打球に対して、中日の落合監督が5分以上の抗議をしたので遅延行為による退場といたします」

2日後に事務所に呼び出され、上司と映像を確認しました。

「問題だ」

「でも、あの映像の角度は……」

「君がそう見えたら仕方ない。だけど場内放送、選手の名前、間違ってないか？」

結局、始末書でした。

(59)星野仙一監督の「戦う集団」

私がプロの審判になる5年前、1987年。中日の宮下昌己投手が巨人のクロマティ選手に死球を与えたことに端を発した乱闘事件。熊本・藤崎台球場。中日の星野仙一監督が、あの巨人の王貞治監督のユニフォームをつかんだシーンは衝撃的でした。

時は流れ2002年、竜のユニフォームを、虎のユニフォームに着替えた星野仙一監督の1年目のこと。阪神の田中秀太選手がホームスチールを敢行したが、アウト。キャッチャーのブロックにきつく体当たりをしたということで、乱闘が始まったのです。阪神の星野監督と、中日の仁村徹コーチが大喧嘩になった。**「徹、オレが下がるから、お前も下がれ」**。星野第一次政権1987年優勝時の二番打者で、本来は師弟関係だったのが、星野監督がライバル阪神の監督になって、おかしな構図でした。

当時は現在と違う環境だったので、一部の選手は本気モードで殴り合っていました。周りの選手は「ヤバい。きょうマジだから、近寄るな。〝二次災害〟が起きる」。

私は星野監督に抗議を受け、激高され、ある意味、審判として鍛えられました。星野監督のチームは中日であっても阪神であっても緊張感がありました。**結束力があると表現すればいいのか、乱闘が始まると集まるのが早かったのです。**

特に阪神の1年目はすごかった。血気盛ん。違う意味で本当に「戦う集団」でした。「野球で戦ってほしいんだけど……」と私はひそかに思っていました。

【星野仙一】

●1947月1月22日生まれ、岡山県出身。180センチ、80キロ。右投げ右打ち

●岡山・倉敷商高→明大→中日（69年ドラフト1位～82年）

★通算14年＝500試合、146勝121敗34セーブ、防御率3・60

★最高勝率1度、（最多完封3度）、最多セーブ1度

★沢村賞1度、球宴6度

★主な記録＝セ1号の最多セーブ投手

・中日監督（1987年～91年、96年～2001年）、阪神監督（02年～03年）、楽天監督（11年～14年）＝リーグ優勝4度、日本一1度

(60) ゴメス選手と張り合った私

２０００年、中日のレオ・ゴメス選手がヤクルトの石井一久投手のインコース、キレ味鋭いストレートを見逃し三振。完全なストライクなのに、「なぜ手を出さないの？」という投球でした。

それをゴメス選手が食って掛かってきたのです。

「何言ってんだ、お前。文句があるなら日本語で言え！」

思わず私はゴメス選手と張り合っていました（帯の写真参照）。

立浪和義選手（現・中日監督）と井上一樹選手（現・阪神コーチ）が、慌てて２人の中に割って入りました。

「落ち着いてください、佐々木さん。審判が熱くなっちゃ駄目でしょう」

「さすがに、あんなストライクを文句言われたのは初めてだ！」

ゴメス選手を退場にはしませんでしたが、最後に守備につくときに私のところに近寄って来たんです。

「なんだ、また文句言いに来たのか?」

通訳も一緒について来ました。

「ゴメスが謝りたいそうです」

「サッキ、ゴメンナサイ」

ダグアウト裏でビデオを見て、ストライクなのを確認したんでしょうね(苦笑)。

その3~4日後、ゴメス選手と私が口角泡を飛ばして言い合っているパネルが自宅に届いたのです。

中日のマネージャーから電話がかかってきました。

「パネル届きましたか? すごくいいシーンが新聞に載ったんで、新聞社が送ってくれたそうです」

星野監督も言っていました。

「ササヤンがあんだけ怒ってたから、ゴメスが間違っているのはすぐわかった。だからオレ、抗議行けなかったわ。本気で怒ったら強いぞ。怒るときは人間本気で怒んなきゃいかんのや」

【レオ・ゴメス】

●1966年3月2日生まれ、プエルトリコ出身。183センチ、82キロ。右投げ右打ち

●ルイス・エルナエス・ネボネス高↓メジャー（90年〜95年）↓中日（97年〜02年）

★通算13年＝1271試合、1156安打、打率・271、232本塁打、708打点（日米通算）

★ベストナイン2度、球宴1度

第6章　舞台裏を見る

(61) 汗臭いユニフォームに香水をまぶした新庄剛志

スポーツは「汗臭さ」がつきものの世界です。そこに2004年、メジャー帰りの新庄剛志選手（日本ハム）が香水をつけながらプレーすることを流行らせました。

「ユニフォームを洗濯に出すとき、汗臭かったらクリーニング店に失礼です。プロ野球選手だって、そこまで気を使わないといけないと思います」

新庄選手は阪神時代も「ジーパンがはけなくなるから筋トレはしたくない」など、オシャレに関しては一家言持っていましたよね。

まず日本ハムの選手みんなにそれが飛び火して、いまは12球団、いわゆる汗臭いということがグラウンド上ではほぼなくなり、球審に一番近いキャッチャーもすごくいい匂いを醸し出しています。新庄選手は甘い匂いだったし、柑橘系の選手もいたし……。

「この香水、何ていうブランド？」
「シャネルです」
「さすが高給取りだね」

巨人の阿部慎之助選手は現役時代、お香の白檀の匂い。日本ハム時代の大谷翔平選手は「自分でブレンドをして作る」と言っていました。香水をブレンドするのが得意な人もいて、選手が好きな匂いに寄せてくれるらしいです。プロ野球界もだいぶ様変わりしました。

球審は1球1球動くので、ひと昔前は汗がプロテクターに染み込んで、真夏なんて自分の汗の臭いで気持ち悪くなるぐらいでした。試合が終わるとすぐ脱いで、とにかく消臭剤を使っても、何とも言えない「部活のような独特な臭い」が当たり前でした。

現在は香水が審判にも波及。審判は４人制ですから、試合前に４人整列するとお互い違う匂いがしました。若い審判は、それこそいつかの流行歌に登場するドルチェ＆ガッバーナとかいうヤツ。私なんか、洗濯柔軟剤のダウニーで、実家のお線香の匂いを消しています。

まあ私が言わんとすることは、ネット裏の高価な座席で観戦しているファンのかたも知らないでしょうが、テレビでは映らない部分、グラウンドレベルではすごくいい匂いがしますよということ。いま考えれば香水を流行させた「さすがＢＩＧＢＯＳＳ」です。

(62)審判の体調を気遣う「聖人君子」大谷翔平

「肩が痛くてピッチャーまで届かなかったら、キャッチャーに渡してください」

私は四十肩で、ファウルボールのあと、ボールをもうピッチャーに投げ返せなかった。そういうのをうっとうしがるピッチャーは多いです。

だから、なるべくキャッチャーに渡していたんですが、どうしても1度投げなくてはいけない場面になったとき、大谷翔平選手は察してくれたんでしょう。イニング交代のとき、すかさず僕のところに全速力で走ってきました。

「佐々木さん、肩、痛いでしょうから、ボールを取りにきました」

審判生活29年、そういう気遣いをしてくれたピッチャーって大谷選手だけでした。

どの選手にしても第1打席に、球審に「こんにちは」とか「お願いします」って入ってきますが、大谷翔平選手と松井秀喜選手の2人だけは必ず「○○審判、こんにちは」って、苗字を付けてくれます。人間性でしょうね。

試合が終わると「お疲れさまでした」「ありがとうございました」。審判にゴマをするというのではなく、そういうコミュニケーションが自然体でできる。そういうのが伝わるからメジャーでも人気が出るのでしょう。

【大谷翔平】

●1994年7月5日生まれ、岩手県出身。193センチ、95キロ。右投げ左打ち

●岩手・花巻東高〈甲子園〉→日本ハム（13年ドラフト1位～17年）→エンゼルス（18年～）
★通算9年＝120試合、55勝20敗0セーブ、防御率2・77（日米通算）
★最多勝1度、最優秀防御率1度、最高勝率1度、（最多完封1度）
★MVP2度（日1、米1）、ベストナイン3度（日＝投2・打1）、球宴6度（日5、米1）、新人王（米）
★主な記録＝「投手部門とDH制部門」でベストナイン同時受賞（日）、サイクルヒット（米）、メジャーのオールスターで「投手・一番DH」で特別出場、投手で9勝、打者で46本100打点（米）

63 〝選手も審判も気持ちは一つ〟誰もが嫌がる「残業試合」

あまり大きな声で言えないのですが、長丁場のペナントレース143試合。できることなら普通の試合時間で終わって、翌日も万全の状態で臨みたいというのが人情だと思います。審判も選手も、それこそ球場関係者、球団関係者、すべて。お客さんも結末は見届けたいが、終電は気になるところです。それはプロ野球界に限ったことではないでしょう。

メドは1回表裏で20分。それが9回で180分、すなわち平均試合時間の約3時間です。それが夕方6時開始で3回表裏が終わって順調なら夜7時のところ、夜8時になっていると「きょうの試合は長いな」となるわけです。

「〇〇審判、もう夜10時ですよ。明日デーゲームで13時開始、朝9時に球場入りなのに」

「ピッチャーがあれだけストライク入んなかったら長くなるわな。寝る時間なくなるよ」

地方遠征試合だと、意外に飲食店が早く閉まってしまいます。いつだったか、長崎で試合があったとき、「夜は本場の長崎ちゃんぽんを食べたいなあ」と思っていたのに、開いていたのは全国チェーンの「リンガーハット」だけでした。美味しかったからよかったのですが……。だから、愚痴の一つも出るわけです。

試合が長くなる一番の原因は、ランナーが出たときのピッチャーの間合いだと思います。「ランナーがいないときは（プロ野球は）15秒以内に投げる」というルールがあって二塁塁審が計っているのですが、ランナーが出たら自由に時間を使えるので、すごく長くなる。サイン交換だったり、牽制球だったり。

試合が10対0だとか、ワンサイドゲームになると、少々ボール球でも、気のせいか「初球打ち」が多い気がします。それがヒットになってしまったときは、一塁ベースに立って「すみません」と一塁手や一塁塁審に謝ってきたりして（笑）。

サッカーのように前後半計90分と決まっていると、ファンはその後の予定を立てやすいですが、野球のように試合時間が制限されないからこそ大逆転のような筋書きのないドラマが生まれる。しかし、スポーツビジネス的に言えば、番組編成やCMの観点からテレビの地上波には向いていない。難しいところですね。

(64) 鳥肌が立った劇的な巨人ミレニアム優勝

いわゆる「10・19」（88年、近鉄の粘り及ばず西武4連覇）、「10・08」（94年、最終戦同率首位直接対決で中日に勝った巨人が優勝）のような試合を担当した経験はないのですが、**思い出に残るのは2000年、巨人の「ミレニアム優勝」です。**

中日が星野仙一監督、巨人が長嶋茂雄監督でした。巨人が優勝マジック1で迎えた試合。

中日は史上初の「来日1年目最優秀救援」に輝いた絶対的守護神のギャラード。だから、何となく閉店間際のような雰囲気でした。

それが、江藤智選手レフトに同点満塁ホームラン、続く二岡智宏選手がライトにサヨナラホームラン。二岡選手は「右打ちをさせたら右に出る者なし」と言われるくらい、ライト方向への流し打ちの打球が伸びるバッターでした。

私が一塁塁審で、当該審判なので打球を追っていきました。あとから映像を見ると、もう打った瞬間ホームラン。劇的弾にスタンドは興奮のるつぼです。

しかし、私はド緊張していました。ライト方向に全力疾走です。

「打球がフェンスぎりぎりにいったら大変だ。ミスジャッジしたら大変だ」

誰が見てもホームランですから、選手も観衆も、当然もう私のジャッジなんか見ていません。遅ればせながら「ホームランだよな。間違いないな」と確認して、右腕を回して、巨人の胴上げを見ました。

いまでもそのときの状況が鮮明に思い出されます。「人間、鳥肌が立つというのは本当なんだ」を体感した試合でした。

【二岡智宏】

●1976年4月29日生まれ、広島県出身。180センチ、81キロ。右投げ右打ち

●広陵高→近大→巨人（99年ドラフト2位～08年）→日本ハム（09年～13年）

★通算15年＝1457試合、1314安打、打率・282、173本塁打622打点
★ベストナイン1度、球宴7度
★主な記録＝2打席連続満塁本塁打

(65) 私のミスジャッジが遠因だった96年巨人メークドラマ

懺悔（ざんげ）する話と言えば、私のプロ審判5年目、96年8月29日、広島市民球場で行われた広島―巨人戦です。私が球審、打席は巨人の仁志敏久選手でツーストライク後の外角低めを「ボール」と判定しました。

（際どい。ストライクでもよかったか……）

ストライクとコールしていれば見逃し三振。命拾いをした仁志選手のサードゴロがイレギュラーバウンドして、広島の江藤智（あきら）三塁手の顔面を直撃しました。江藤選手は眼窩（がんか）

底骨折。試合後、先輩の二塁塁審に、叱咤と慰めを兼ねた言葉を掛けられました。
「低く見えたんか。しかし、ボールではちょっときついよな。そういうのがこの仕事、結局、積もり積もるわけだから。でも、明日も仕事は続くんだぞ」

当時、広島の三村敏之監督は、若手審判には「頑張れよ」と、すごく優しく声を掛けてくれる温厚なかた。しかし、あの一件に関しては違いました。広島弁ですごまれました。

「あの1球、お前がちゃんとストライクと言っとけば、江藤はケガせんで済んだんじゃ。そういう仕事をしてるんだぞ、あんたらは。肝に銘じておけ！」

広島の新聞に「本来、江藤の骨折は起きていないはずの惨劇」と辛らつに書かれました。

それまで打率・314、32本塁打、79打点と四番打者として申し分のない成績を残していた江藤選手は戦線離脱。96年の広島打線は、一番・緒方耕市選手が出塁、二番・正田耕三選手がつないで、三番・野村謙二郎選手と四番・江藤選手が走者を還し、五番・

前田智徳選手、六番・ロペス選手、七番・金本知憲選手がダメを押す。ビッグレッドマシンと異名を取ったリーグ随一の打線でした。

5月4勝0敗で月間MVPに輝いたエース格の紀藤真琴投手が9月5連続KOと不振を極めたこともあります。しかし6月末に首位独走していた広島は、巨人に最大11・5ゲーム差をつけていたのに巨人の大逆転優勝を許してしまった。**あの一件がなければ、もしかしたら球史に残る、いわゆる「メークドラマ」はなかったかもしれないのです。**

骨折で顔が少し変わってしまった江藤選手に、私は心の中でずっと詫びていました。

【江藤智】

●1970年4月15日生まれ、東京都出身。182センチ、95キロ。右投げ右打ち

●東京・関東高→広島（89年ドラフト5位～99年）→巨人（00年～05年）→西武（06年～09年）

★通算21年＝1834試合1559安打、打率・268、364本塁打、1020打点

★本塁打王2度、打点王1度

★ベストナイン7度、ゴールデングラブ賞1度、球宴6度

★主な記録＝1試合10打点（セ・タイ）

66 ガルベスが審判にボールを投げつける

思い出に残る試合と言えば、巨人にいたガルベス投手の蛮行です。ガルベス投手は96年にテスト生として来日しましたが、いきなり16勝6敗の好成績を残し、「長嶋茂雄・巨人」のリーグ優勝「メークドラマ」に貢献しました。

しかし、いかんせん短気でした。中日の山﨑武司選手の頭付近に投げてしまい、山﨑選手が怒って、マウンドに向かい殴り合い。まるで、ヘビー級のボクシングのようでした。喧嘩両成敗ではないですが、もちろん両者退場を宣告されました。それに長嶋監督が怒って、

「何でガルベスが退場なんだ。喧嘩を吹っ掛けてきたのは山﨑だろう」

巨人の選手を、全員ダグアウトに引き揚げさせてしまったことがあります。

翌97年もガルベス投手はチーム最多の12勝を挙げました。

しかし98年、阪神の坪井智哉選手へのボールの判定に不服の態度を取ったあと、ホームランを浴びた試合があったのです。

長嶋監督に交代を告げられ、ダグアウトに戻る途中、**あろうかことか審判団にボールを投げつけたのです。**ボールは大きくそれ、大事には至りませんでしたが、球審は激高して乱闘騒ぎに発展しました。私はあの試合、控え審判でグラウンドに立っていませんでしたが、「人にボールを投げつける」という蛮行に、あっけに取られるやら、どうしたらいいのかと慌てふためくやら。

2日後の巨人―阪神戦で、今度はデッドボールが原因で選手同士の乱闘事件があって、その2日後に**長嶋監督が頭を丸刈りにして謝罪の意を示しました。**

「何らかの形でファンや関係者にお詫びしなくてはいけない」

あの長嶋さんのそんな姿に私は驚くというより、言葉を失ってしまいました。ガルベス投手はその後、「あれは審判に投げたんじゃない。ボールボーイに返したんだ」と主張したらしいですが……。

いずれにせよ、ガルベス投手は台湾プロ野球時代や韓国プロ野球時代も、少し素行に問題があった選手のようです。私はみぞおちのところにしこりがあって、硬くなっています。それはガルベス投手の投球をまともに受けた結果です。故意とは言いませんが、どうも被害者意識が強くなっていけませんね……。

【ガルベス】

●1964年3月31日生まれ、ドミニカ共和国出身。180センチ、107キロ。右投げ右打ち

●ドジャース（1986年）→台湾→巨人（96年〜00年）→韓国

★通算6年＝116試合46勝44敗0セーブ、防御率3・32（日米通算）

★最多勝1度

★球宴1度

㊼今だから話せる大失敗

審判冥利に尽きるときというのは2パターンあります。

「何ごともなく無事に終わった試合」

「監督の抗議を受けても、ルール通りに解決できたとき」

だから試合が終わったあと、審判は「あれ、きょうどっちが勝ったっけ」「誰がホームラン打ったんだっけ」。結果を一瞬忘れていることが多々あります。ファンの方が思っているより、「トラブルが何もない試合」は意外と少ないのです。たとえば、私にはこんな失敗談、いまだからこそ話せることがあります。

中日の中村武志選手が一塁走者で、ランダウンプレーが始まりました。中村選手は相手内野手のタッチを避けて、下にしゃがみ込みました。タッチは空振りですが、一塁塁審の私は何を思ったのか「スリーフィートオーバー」のジェスチャーをして、中村選手をアウトにしたのです。

スリーフィートオーバーとは走路を左右に外れてアウトになることなのに、「上下」に動いたことでアウトを宣告。中村選手は「ノータッチですよ」と、ふくれっ面です。

（そうだ、ノータッチだ。でもアウトと言っちゃったよ。どうしよう……）

当然、星野仙一監督は血相を変えてダグアウトを飛び出してきました。

「なんでスリーフィートオーバーなんだ！　上下にスリーフィートオーバーがあるのか？」

（すみません、スリーフィートオーバーではありません）

私は心の中でつぶやきました。しかし、「間違えました」とは絶対言えませんし、表情は（ごめんなさい）です。

その表情で星野監督は察してくれたようです。怒りを通り越して、噴き出しました。

「ま、スリーフィートオーバーじゃなくても、野手に挟まれていたんだからアウトだよな。タケシ、足遅いし」
中村選手は「どうせオレ、足遅いけどさ……」とグチっていました。

【中村武志】
●1967年3月17日生まれ、京都府出身。179センチ、90キロ。右投げ右打ち
●花園高→中日（85年ドラフト1位～01年）→横浜（2002年）→楽天（05年～05年）
★通算21年＝1955試合1380安打、打率・242、137本塁打、604打点
★球宴8度
★主な記録＝1試合に同点満塁本塁打とサヨナラ本塁打

㊽変な場面でベテラン審判になったことを実感

私が審判駆け出しのときと野球は変わっていますが、当時は「野次るのが仕事」「声出しが戦力」といった選手やコーチ、いわゆる「野次将軍」がたくさんいました。ダグアウトの首脳陣に対してアピールするにしても元気に声を出すだけでは高が知れている。審判を野次るのが一番簡単なわけです。

だからそういう意味では私が若いころはそうとう野次られました。とにかく「ストライク」と言えば野次る、「ボール」と言えば野次る。ハーフスイングと判定すれば野次る。もう大変でした。○木選手、金○選手、平○選手、○野コーチ、○上コーチ……。（広島は伝統的に無意味な野次がない紳士な球団です）

周囲の選手には「気にしすぎですよ」と言われますが、毎日グラウンドに立って野次られていると、被害妄想が強くなります（苦笑）。それがいつのころからでしょう。

「誰だ、いまの汚い野次は！」

そんな表情でダグアウトをにらみつけると、選手が一瞬沈黙するようになったんです。

変なところで「ああ、オレもある程度の経験と年を重ねたんだな」と実感した次第です。

㊾ビデオ検証「リクエスト制度」がもたらした功罪

メジャーリーグで2014年から導入された「チャレンジ制度」の日本版が、18年から導入された「リクエスト制度」です。ボール、ストライク以外でNPBで決められた基準をもとにした判定について異議がある場合、ビデオ映像によるリプレー検証を、1試合に2度まで要求できます。

しかし、リクエスト制度を要求されるのは審判にとって恥なわけです。我々はジャッ

ジするのが仕事なのに、自らでジャッジする機会を機械に奪われるわけですから。語弊があったらご容赦願いたいのですが、審判にとっては「公開処刑」の心境です。

テレビのリプレー映像で視聴者は真実をわかっているわけですし、スタンドのファン、選手、関係者すべてが真実を求めているわけですから、リクエスト制度に関しては受け入れざるを得ない状況なのは審判員としての共通認識です。

アウトの判定が「リクエスト制度」によりセーフにくつがえったとしましょう。見ているファンのかたは正しい判定に変わってよかったということで終わりますが、審判員は、ミスジャッジ1がカウントされていきます。

本来なら、監督からの抗議対応は審判にとってかなりの腕の見せどころです。リクエスト制度の導入に伴い、機械化が進んで淡々と試合が進んでいく。審判員として腹をくくってグラウンドに立っていたのに、切ない気持ちでいっぱいです。

私は「責任審判」でした。リクエストを受けた当該審判はビデオ映像を見ることはできないので、別の場所に控えています。判定通りだったら「判定通り！」と肩を叩きます。ジャッジした当該審判はホッとしますよね。

逆だった場合、「すまないな、判定、変えるよ」。その精神的作業たるや、結構きついものがあります。

私は、「アウト・セーフ」の微妙な判定でファンを敵に回して、新聞に叩かれていた時代のほうが、かえってメンタル面は保たれていました。

年齢差と個人差はあるでしょうが、「真実は真実だから」と、ドライに割り切れるだろう最近の若い審判とは、ジャッジに対する思い入れが違うかもしれません。

リクエスト制度は、審判の威厳を保つという意味で「真実の判定」「審判としてのプライド」双方の側面があります。

⑩日本人審判が見た、日本人メジャーリーガー

現在はルール改正されているので、そんなことはないのですが、メジャーではゲッツーのときに「ピボットマン」（ゲッツー時に一塁へ送球する選手）に対する**ランナーの当たりが強いんです。**

だから、西武から行った松井稼頭央選手、ヤクルトからの岩村明憲選手、ロッテから行った西岡剛選手。ケガを恐れて、自分のプレースタイルを貫けないので、みんな不完全燃焼で帰国しました。**岩村選手は「当たりの強さが半端じゃない」と嘆いていました。**

いずれにせよ、日本人内野手のメジャーでの成功はなかなか難しいと感じました。

イチロー選手は10年連続200安打、ゴールドグラブ賞10度と、活躍に関していまさら言うまでもありません。

２０２1年、大谷翔平選手が46本塁打、１００打点をマークして脚光を浴びましたが、その前の日本人メジャー１００打点は松井秀喜選手が4度もやっているんですね。

大谷選手がメジャー1年目に22本塁打したとき、イチロー選手は「初めて日本人ホームランバッターが来た」旨のことを言っていました。松井秀喜選手は松井秀喜選手で、当時のヤンキースにおいてフォア・ザ・チームに徹する意味で、ホームランに固執せず打点での貢献を選択したのだと思います。

メジャーのピッチャーはパワーピッチャーで、日本みたいにコントロール重視ではない。力で押して、しかもボールが微妙に動く。慣れる前にマイナーリーグに落とされてしまう。西武から行った秋山翔吾選手など、その典型で苦労していて気の毒だと思います。

私がメジャーで一番見たかった日本人選手は、日本ハム時代の糸井嘉男外野手でした。パワー、強肩、走力。メジャーで必ず通用したと思います。ヒザを故障して断念したのでしょうが、残念でなりません。

ピッチャーは、近鉄の野茂英雄投手、巨人の上原浩治投手、楽天の田中将大投手が、**フォークボールなりスプリットフィンガードファストボールを駆使して活躍しました。**その3人はストレートも素晴らしかったですが、逆に言えば、ある程度フォークボールを使えれば、メジャーで活躍できるかもしれません。

ヤクルトにいた吉井理人投手。近鉄時代から同僚の野茂投手直伝のフォークボールを持っていましたが、やはりメジャー5年で32勝をマークしました。

横浜にいた斎藤隆投手は36歳でメジャーにわたり24セーブ、翌07年は実に39セーブ。その年齢なのに、アメリカのウエイトトレーニングの成果なのか、球速が日本時代より速い155キロ以上出るようになっていました。武器はスライダーでした。

日本球界では「困るとアウトロー」でホームランを防ぎますが、メジャーの選手は腕が長くて手が届くので、アウトローでもホームランを打たれてしまいます。そこが日米の野球の違いですね。

【野茂英雄】

●1968年8月31日生まれ、大阪府出身。188センチ、99キロ。右投げ右打ち

●大阪：成城工高→新日鐵堺→近鉄（90年ドラフト1位〜94年）→メジャー（95年〜08年）

★通算19年＝462試合、201勝155敗1セーブ、防御率3・86（日米通算）

★最多勝4度、最優秀防御率1度、最高勝率1度、最多奪三振4度、（最多完封2度）

★沢村賞1度、MVP1度、ベストナイン1度、球宴6度（日5、米1）、新人王（日米）

★ノーヒットノーラン2度（米）

★主な記録＝1試合17奪三振、1試合16与四球、開幕投手5度（日2、米3）

【田中将大】

●1988年11月1日生まれ、兵庫県出身。188センチ、98キロ。右投げ右打ち

●北海道・駒大苫小牧高〈甲子園〉→楽天（2007年高校生ドラフト1巡〜13年）→ヤンキース（14年〜20年）→楽天（21年〜）

★通算15年＝372試合、181勝90敗3セーブ、防御率2・94

★最多勝2度、最優秀防御率2度、最高勝率2度、最多奪三振1度、（最多完封1度）

★沢村賞2度、MVP1度、ベストナイン2度、ゴールデングラブ賞3度、球宴8度（日6、米2）、新人王（日）

★主な記録＝開幕から24連勝0敗（日）、開幕投手4度（米）、6年連続2ケタ勝利（米）

あとがき

この本のテーマは「マスク越しに見たプロ野球選手のすごさ」です。

しかし、とにかく私ときたら自分では気がついていないのだけど、A選手の質問をされているのに、B選手の話で答え、そしてC選手に話がぶっ飛ぶ。

「居酒屋の酒の肴」で終わってしまう話をつなぎ合わせてくれた野球ライターの飯尾氏、書籍として昇華させてくれたワニブックスの大井氏に心から感謝を申し上げる次第です。

飯尾氏は野球週刊誌で「ルール講座」を担当していた経験があるらしく、審判にしか受けないマニアックな話をその都度厳正にジャッジし、書籍の内容として適切かの「ボール」「ストライク」をコールしてくれました。

とにかくプロ野球人気復活のためには、まずアマチュア野球の普及・振興が大事になります。

しかし私の住む群馬県館林市は、御年52歳の私が地元審判で若手の部類に属するのが実情です。

審判が増えれば、プレイヤー人口も増える相乗効果が生まれます。

この本を読んで楽しみ、将来プロ野球審判をめざす過程において、まずアマチュア審判で腕を磨いてくだされば、私の望外の喜びです。

佐々木昌信（ささき まさのぶ）

1969年、群馬県出身。大谷大学野球部でプレーした後、92年よりセントラル・リーグ審判員。審判員袖番号は38。

95年一軍公式戦デビュー。通算2414試合出場、球宴4回、日本シリーズ6回。2020年に引退し、実家の寺を継ぐため住職に。

プロ野球 元審判は知っている

2022年3月25日　初版発行
2022年7月10日　3版発行

著者　佐々木昌信

発行者　横内正昭
編集人　内田克弥
発行所　株式会社ワニブックス
〒150-8482
東京都渋谷区恵比寿4-4-9えびす大黒ビル
電話　03-5449-2711（代表）
　　　03-5449-2734（編集部）

装丁　小口翔平＋後藤司（tobufune）
フォーマット　橘田浩志（アティック）
執筆協力　飯尾哲司
校正　東京出版サービスセンター
編集　大井隆義（ワニブックス）

印刷所　凸版印刷株式会社
DTP　株式会社 三協美術
製本所　ナショナル製本

定価はカバーに表示してあります。

ISBN 978-4-8470-6671-9
ワニブックスHP　http://www.wani.co.jp/
WANI BOOKOUT　http://www.wanibookout.com/
WANI BOOKS NewsCrunch　https://wanibooks-newscrunch.com/